橙夏から黄秋の時代

50代からの、読み書きころばん

川内正巳 著

東方出版

目次

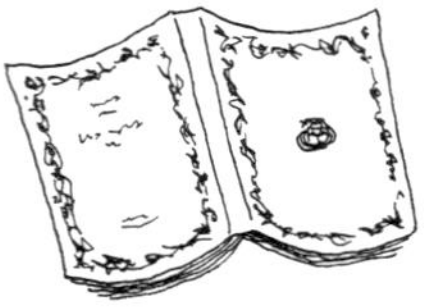

はじめに

中国では四十歳のことを「不惑」と称し、日本では「初老」と呼んでいた。だから、日本の昔からの辞典には「初老とは四十歳の異称」と記されており、最近発刊された『広辞苑』第六版にも、そう説明されている。

ところが日本の現実ではどうか。

日常用語として「初老の婦人」というと四十歳ぐらいの人を指すかというと、今では決してそうではない。

テレビドラマなどで見るあの幸若舞「敦盛」を舞う信長の「人間五十年、下天の内を比ぶれば……」という一節から察するに、当時の日本人の寿命は五十歳ぐらいだったのだろう。それが女性に限ってみると、日本で初めて平均寿命が六十歳を超えたのが一九五〇年(昭和二十五年)。その十年後の一九六〇年には早くも七十歳を超えている。そして今や女性の平均寿命は八十五歳を超え、男性はほぼ七十九歳。日本の女性に限って言えば人生九十年の時代も間近に迫ってきているのだ。

こうなってくると、長く続いた「人生五十年の時代」とは自ずからすべてのものが修正されてくる。既に、一九九三年発行の『新明解国語辞典』第四版第八刷には、「初老」について次のように解説されている。

「肉体的な盛りを過ぎ、そろそろからだの各部に気をつける必要が感じられるおよその時期。もと、四十歳の異称。現在は普通に六十歳前後を指す」と。こうやって時代の流れのなかで現実に即して、何年か前には五十歳と書かれ、今や六十歳と修正されてきたのだろうが、この辞典のほうが、「初老」という言葉の日常的な使い方について明解に示唆、使用許可?されたようで、ナルホドと納得がいく。向田邦子さんの小説に登場するような「バスの停留所へ行くと、楚々とした雰囲気を漂わす初老の婦人が背筋をピンと伸ばし、白い日傘をさして立っていた」なんていうクダリも、今や二十年も年齢を上げなければ現実味がなくなるということになる。

また、冒頭の中国に戻るが、中国では昔から人生を四季と色で四つに分類していた。大まかに言うと、十代、二十代を「青い春」と書いた「青春」、三十、四十代の頃を人生の中で一番真っ赤に燃えるとした「朱夏」、静かな五十、六十代を「白秋」、そしてそれ以降を「玄冬」と称していた。

では、この分類を、「初老」が現実には六十歳前後になり日本の総人口の十パーセント以上が七十五歳以上で占められてきた現代の日本の社会の状況と照らし合わせてみるとどうなるのだろうか。

サラリーマンなら、会社で部長や取締役として一番実力を発揮出来るのは五十代である。そして、定年退職後の六十代でもいきいきした第二の人生を送っている人は大勢見られ、今ではその定年さえも延長の方向に向かっている。信長の時代から長く続いた「人生五十年」が、「人生九十年」に近づきつつあるという状況のもとでは、前述の中国の分類での、とくに「白秋」と呼ばれてきた時代を考え直さずにはいられない。

即ち、今の日本社会の現状にあわせて改めて「分類」を見直し、ひとつ前の「朱夏」とこの「白秋」の間を細分化することを、私は提唱したい。

私の案では、次のように新しく分類する。

企業人としては「朱夏」の時代よりもさらに幹部として働き盛りである五十代を新しく「橙夏《とうか》」と呼び、続く六十代から七十代半ばまでを、これも新規に「黄秋《おうしゅう》」と称し、それ以降を改めて「白秋」と呼ぶようにしたらどうだろう。五十代になった途端に「白秋」入りするのではいかにも寂しい。この時点でもう人生の終章に突入したようで、ガクッと落ち込んでしまう。そうではなしに、五十代という時期を、三十代から続く「夏」の時代の後半と捉えてみると、それだけで元気づけられるはずだ。そして、「朱」から即、「白」に変わってしまうのではなしに、「橙」から「黄色」へと段階を踏んで変化していき、その後、静かで落ち着いた「白」の時代を迎えるという方がスムースであり、今の日本では現実味があるのではないか。

私がこんな提案をする何十年も前に、吉川英治氏は四十歳を「不惑」とせず、自分にとっては「初惑」だと呼んでおられたし、「男の厄年は四十二歳」というのも、現実には相当後ろにずれ込んできていると思える。

私たちの人生の先輩にも「元気」に「超」がつく人が沢山いる。『信長の棺』で本能寺の謎を全く新しい視点で解明した加藤廣氏が作家デビューしたのは七十五歳の時だ。同じく作家の林望氏は五十八歳の時に「七十歳までは元気に過ごせる年齢と思っている。あと十二年。それまでに『解体新訳源氏物語』をまとめあげたいというのが私の夢です」と語っておられる。

しかし、こういったことは何も現代の話だけではない。昔から元気な人は元気なのだ。毛利元就は五十七歳で立ち上がり厳島の戦いなどで活躍し、七十歳で尼子氏を滅ぼしているし、あの葛飾北斎に至っては、六十八歳の時に中風を患うが自家製の薬で回復し、七十二歳で「富嶽三十六景」を仕上げ、天保十一年八十一歳の時には中国大陸の都市や山のあきれる程詳細な鳥瞰図を描きあげている。

こうやって見てくると、やはり中国の昔からの人生分類のまま五十歳で「白秋」入りしてしまうというのでは、いかにも早すぎる。ということで、前述のように、「朱夏」と「白秋」の間に、「橙夏」と「黄秋」を加えることをこの書で提案し、現役リタイア後の六十代、七十代も気分的に老け込まないで明るく元気に過ごしたいものだ。

では、この新しい人生分類として登場させた「橙夏」と「黄秋」の時代を、どうすればより有意義に楽しく過ごせるか、という提案もしてみたい。

二〇〇七年から団塊の世代が定年を迎え始めたのを機に、その二、三年前ぐらいから一斉に「定年後の生き方、楽しい過ごし方」といった本が書店の前面に並び始め、その後もこの手の指南書?は増え続けている。私も何冊か読んでみたが、内容はほとんど同じようなものである。要するに、「定年を迎えたサラリーマン」を十把ひとからげにし、「毎日ウオーキングをして足腰を鍛えよう」「これまで支えてくれた奥さんと夫婦ふたりだけの旅行をしよう」「写真、俳句、篆刻、色鉛筆画など趣味を広げよう」「近所づきあいを始め自治会活動などにも積極的に参加しよう」「カルチャースクールで日本の文化や歴史を学ぼう」「上手な資金運用」「パソコンとデジカメをより楽しむ法」等々、盛り沢山に時間の使い方を教えてくれている。

しかし、これでは各個人にとって本当に参考になる内容は一冊の本の中でもほんのわずか、というのが正直なところである。

五十歳を超えて六十代にもなると、これまでの生き方、得意な分野と全く違う道を進むにはちょっと抵抗感があり、億劫になりがちだ。それよりも、余裕の出来た時間を無理なく楽しみながら消費するにあたっては、まずは自分の得意な分野の延長線上から取り組み始め、次第により深めていくというやり方のほうがとっつきやすいのではないか。

そこで私からの提案である。

大学生に、「理工系」と「文科系」に加えて「体育会系」と、大きくは三つのタイプがあるように、定年後の時間の使い方、楽しみ方においても、この三つのグループの人達にふさわしいそれぞれの生き方があるはずだ。

例えば、理工系の人なら、小諸やオーストラリアに行き、大型の天体望遠鏡を借りて星の観察を楽しみ、最終目的としては新しい星を発見して自分の名前をつけることを目指すとか、愛犬のために、畳二畳分ぐらいの、シャワーと風呂場併設のオリジナル犬小屋（小屋ではなく、離れ家か）を何日もかかって手製で作ってやり、真夏も快適に過ごさせてやるとか。

また、体育会系の人なら、数人の仲間達と年に一度山のリゾート地に一週間程滞在し、一日おきにゴルフ、テニス、十キロ自転車競争の三種目で得点や時間を競い合うとか、旧東海道五十三次を昔ながらの旅歩きをしてみるとか。

このように、これまでの自分の人生の中で培ってきた力やノウハウなどを存分に生かした新しい楽しみを見つけていくことから始めれば良いのだ。

一方、私は文科系なので、この書を通じて世の文科系の人達のために、現役リタイア後の余裕の出来た新しい時間の活用法として、とくに「読み書き」に特化してのいくつかを紹介してみることにした。文科系の良いところは、ヴィジュアルな「成果物」を仕上げやすいので、同じグループの人達の間でそれらを批評しあうなど、楽しみが多いことだ。いろんな分野の本を読み、互いに紹介しあったり感想を述べあう読書談義が出来る仲間、そして、それぞれが書いたものを気軽に見せ合う、いわば「書友」を持つことが、生きていく中での楽しみをより深め、広げていくことになるのだろう。

そして、最後の章で恐れ多くも自らチャレンジしてみた、人気作家の「絶筆の続編の模作」というのが、文科系人間にとっての究極の楽しみではないかと、提案してみた。

1章　「季節のエッセイ」を書いてみる

六十歳を超えて時間のゆとりが出てきた私たちが、頭と手の体操を兼ねて何か始めようと思い立ったら、一番手っとり早く取り組めるのは「モノ書き」だろう。そして、その都度の単発ではなく、それに連続性をもたせようとしたら、まずは「季節」をテーマとしたものから手がけるのが無難だ。日々の移りゆく生活の中での気持ちの変化や行動を、『枕草子』のような日記風やエッセイとして気軽に思いのまま書きつづっていけばいい。

しかし、もう少し上を見て、人に読んでもらうことまでも意識するなら、ある程度の完成度と、ナルホドそういうことかと関心、興味を抱いてもらえるウンチク的要素も盛り込んでいく必要がある。

そこで、参考・目標にすべきは、朝日新聞の「天声人語」、日経新聞の「春秋」、産経新聞の「産経抄」など、大手新聞の一面を飾るエッセイ欄だろう。時機を得たニュース性のある話題・事件に対する筆者のパーソナルコメントを、季節感を盛り込みながら巧みにまとめ上げたエッセイだからである。新聞社によっては年間たったひとりで書きつづけておられるケースと、何人かが交代で担当しておられるスタイルがあると聞くが、いずれにしても次から次へとあれだけのスペースを定められた字数どおりに毎日うめていくのは大変な作業である。

読者側からすると、その日の昼食時の話題として使えるようなネタが見事にまとめ上げられており感心するばかりだが、（少し嫌みのようになって申し訳ないが）どういうわけか、これが一、二年分まとめた一冊の本になったものを読んでみると、どうも当初の感慨が失われてしまうのは何故なんだろう。とくに印象深いものは切り抜きしてファイルしておくのだが、日をおいて読み直してみると感激の度合いが極端に薄れてしまっているのは、やはりニュースの鮮度が失われているからだろうし、立春や秋のお月見など暮らしの中の季節催事の「語源」や「いわれ」「昔からの風習」などが前年と同じような繰り返しになっているからだと思えてきた。が、そんなぜいたくを言ってはおられない。年々歳々季節は繰り返しているのだから仕方のないことと思い直した。こんな生意気なことを感じながら、まずは自らマネしてやってみようと、千二百字をメドにいくつか書いてみた。「語源」や「いわれ」を取り入れながら、「季節」をテーマとして書き出したが、字数を揃えるという難しさ、オチのつけ方など、苦慮しつづけ、何度も書き直しせざるを得なかった。

前置きが長くなってしまったが、まずは書きやすそうなテーマを選びいくつか書いてみたものを、一度お目通しいただきたい。

日本のお正月

日本では「旧正月」という言葉はもう死語になりつつあるが、大昔から東アジアでは農業の四季の流れに一番合った旧暦が今なおそのまま生かされている。

中国、台湾などでは旧正月を「春節」として祝い、ほぼ一週間を「正月」として過ごしている。韓国の人たちからみると、「日本ではお盆の行事は旧暦のままにしているのに、何故正月だけを新暦に改めたのか」と疑問に思っているという。

同様に、「死語」と言えば、正月二日の夜に見る夢を初夢と言い、徳川家康の故事から「一富士二鷹三茄子」がいわゆる吉夢だと子供の頃から教えられてきたが、これも今では全くナンセンスと見放されてしまった。

江戸時代の新年「正月」の恒例行事や特別な食物を振り返ってみよう。

大阪の様子からみると、最も早く仕事をしたのは武士だった。大坂城や町奉行所では、元旦の午前二時頃に新年を祝う儀式があったからだ。除夜の鐘を聞き終わるや眠気をこらえながら初出勤?したという。

商家や庶民の家では、元日は門を閉じているが、朝の祝いが終われば年始回りに忙しかった。年始には「年玉」がつきものであり、現在のように子供だけが対象というのではなく、元々は目下の者に贈る新年の祝儀であり、「年神からの賜り物」ということで、墨、半紙、扇子、鏡などが配られたようだ。元日は早く寝て、二日は四時頃から早起きを競った。商人や職人は、二日が初仕事だからだ。風呂屋も二日が「初湯」営業だった。こう見ていくと、昔の日本人のほうが早くから働いていたと言えるし、日本の百貨店も、以前は新年四日が初営業だったものが、高度成長末期からバブル崩壊後の大競争時代に入り、その四日が三日になり、今や二日からが普通になりつつあり、「福袋」などで賑わっている。

新年にいつもと違うものを神様に供えたり食べたりする民族は多いが、日本の餅もそのひとつだ。伊勢神宮の大祭などでは餅は円盤状につくられ古代の鏡に似ていたので、「餅《もち》鏡《かがみ》」と呼ばれ、これが庶民の間で「鏡餅」になったそうだ。

ところで、「お正月」というのを和英辞典でひいてみると、NEW YEARとか、JANUARYと出ているが、一年十二ヶ月のうち一月だけを「正月」と呼ぶのは、それなりの意味があるはず。

日本の「お正月」というのは字の如く「正しい月」即ち、一年の最初の月であり、「心静かに居住まいを正す月」という意味を、昔の人は込めていたのではないかと私は思う。相変わらず政治や企業での不祥事が絶えないが、安倍元首相のスローガンは「美しい」だけの国づくりだったから片手落ちだったのではないか。阪急グループの創始者・小林一三翁がつくったタカラヅカのスローガンは「清く正しく美しく」だった。政治家も企業経営でも、この三つがすべて揃って始めて正道を行けるのだろう、とこんな風に「お正月」を機に改めて考えてみたいものだ。

如月から弥生へ

二月の別称は「如月」である。きさらぎの語源については日経の「春秋」に、木更《きさら》ぎの意であり草や木が冬の眠りから覚めて春に向かって生まれ変わることを指すと書いてあったが、一番寒さの厳しい二月は何枚も重ね着をする、即ち、「着更着」からきていると聞いたことがある。生活者としては後者のほうが実感があり納得できそうだ。

冬の北風と春を運んでくる南風がぶつかって雨を降らす。「しみじみときょう降る雨はきさらぎの春の初めの雨にあらずや」という若山牧水の歌など思い出す季節でもある。

それよりも、「二月」という月自体が、年の始めの「正月」と雛祭りなど何となく華やぐ弥生三月との間にある上、通常二十八日と短いことから、どうも影が薄く、割を食っており可哀相な気がしてならない。

まだまだ寒い日が続くが、節分、立春を過ぎると、暦の上では春が訪れることになる。「冴え返りさえ返りつつ春なかば」という句があるが、この時期は冬と春がどっちつかずになっており、いわゆる三寒四温を経て一歩ずつ春に近づいていくのだろう。

しかしこの時期、のんびり季節の移り変わりなど愛でていられないのが受験生である。「世の中に絶えて受験のなかりせば春の心はのどけからまし」（詠み人知らず？）在原業平のこんな替え歌まで広まってきている。

また、この頃新聞でよく目にするのが「春一番」だ。日本の冬は西高東低の気圧配置で、大陸からの冷たい季節風が吹いてくるから寒いのだが、春を迎えて最初に吹く風を「春一番」と呼ぶ。

普通私たちは、この「春一番」しか知らないが、続いて吹くのが「春二番」、そして当然ながら三番目に吹くのを「春三番」と呼ぶらしい。気象庁が春一番しか発表していないので私たちには聞き覚えがないのだろう。

通常「春一番」が吹くのは、その年や地域によっての違いはあるが、例年二月二十日頃だと言われている。そして、大体お花見の頃に吹くのが「春三番」。更に続けて、ほとんど毎年のことだが、せっかく満開になった桜の花を容赦なく吹き散らしてしまう「春の嵐」を「春四番」と呼ぶのだそうだ。

三月になっても、時に寒さはやってくる。桜のころなら「花冷え」、彼岸の頃のは「寒の戻り」とか「彼岸冷え」と呼ばれている。

「暑さ寒さも彼岸まで」というのも、この頃の日常の挨拶になっているが、彼岸とは、迷いの世界を表わす「此岸《しがん》」に対する言葉であり、悟りの世界を意味するそうだ。「過ぎ去るものを追うことなかれ　いまだ来たらざるを願うなかれ　ひたすら今日なすことを熱心にせよ」という経典の教えを見直し実践する時でもある。

「春発夏長秋収冬蔵」という言葉があるが、このとおり素直に「春は発生の時」と明るく前向きに捉えたいものだ。

梅と桜

「花と言えば……」という書き出しで梅と桜を対比するのは、この季節の新聞コラム欄の定番になっているようだ。そして、ほとんど毎年繰り返して次の二つの歌が登場する。菅原道真の「東風吹かばにほいおこせよ梅の花」と、西行法師が桜を詠んだ「願わくば花のもとにて春死なん」である。

日本の歴史のなかで、花と言えば奈良時代にはまず梅であった。『万葉集』には、梅の歌が百を超えているのに、桜の方は四十程しか見られない。

中国の四川省から湖北省あたりが原産地と言われる梅は、当初は薬木として日本に渡来してきた。しかし、春の始まりとして百花に先駆けて咲くため、古来日本人の目を楽しませ風雅な趣に誘ってくれ、「観梅」は春の季語にもなっている。

そして、平安時代に入っても、御所の紫宸殿で「右近の橘」に対していたのは、最初は梅であった。それが、「左近の桜」に変化していったのは平安中期だと言われている。

要するに、この頃になって、花の主役の座が梅から桜に移っていったのだ。これにつれて『古今集』では、桜の歌が梅のそれよりも二倍も多くなっている。それ以降現代までずっと「花と言えば桜」と、不動の「王座の地位」を守り続けてきている。

梅のことを英語では「ジャパニーズアプリコット」と言うそうだ。「あんず」と捉えているのだろう。

それにしても、日本人の慣用的物言いとして「松竹梅」と、梅は最下位にされているのは語呂の良さだけからなのだろうか。今でも鰻屋の入り口のショーケースに「松竹梅」とメニュー価格の一番下にランクされているのは、奈良時代を思い起こすと、ちょっと不憫に思えてしまう。

一方、花を代表する地位を得た桜は、その後、「日本の国花」にまで上り詰めた。中国やヒマラヤなどにも見られるが、もちろん日本列島に最も多いからなのだろう。

行楽としての花見は、『伊勢物語』に「桜狩」として王朝貴族の間で盛んだったと紹介されているが、庶民の間に花見を広めたことで誰もが知るのは徳川幕府八代将軍吉宗である。

それが今では、早くから場所取り合戦、夜桜の下でサラリーマンがドンチャン騒ぎの酒盛りを楽しんでいるが、吉宗の頃は、上野寛永寺での花見は夕方四時頃まで、鉦、太鼓の使用禁止と、この時代のほうが規律が守られていた。今頃になって日本の大都市では喫煙罰金制度などが施行されたが、我々はもっと昔の日本の良さを改めて見直していくべきなのかもしれない。

いつだったかテレビのインタビューで「散るのを恐れず咲く桜が好き」と答えていた宮沢りえの言葉も印象的だが、満開の華やかな美しさの絶頂期で潔く散っていく桜の姿を捉えて「花は桜木、人は武士」と例えた先人の思いは、今なお日本人の心の底に奥深く影響を与え続けてきたはずなのにと悔やみたくもなる事件が後を絶たないのは歯がゆい。

秋のはじまり

太陰暦では、七月から九月までが秋とされ八月十五日は「中秋の名月」と呼ばれている。しかし、太陽暦の現代における日本の生活では、夏休みが終わり、九月が秋の始まりとなる。

九月の別称は「長月」であるが、本来「長草月」が正しい呼び名で、長草とは菊のことである。「重陽の節句」と言われる九月九日は、数字の九が中国では陽数なので、それが重なることからそう呼ばれ、またの名を「菊の節句」とも言われていた。この日は酒を満たした盃に菊花を浮かべて飲み、健康長寿を祈ったと伝えられる。

古代中国から伝わった「四季の色」でみると、青の春、夏の赤（朱）に対し、秋は「白秋」と、白で表されている。

『新古今和歌集』のなかで藤原定家は、秋風を「身にしみる色」と表現している。赤や緑は他の色と交わると汚くなっていくが、白秋の白は何色と交わっても汚くなることはなく、身と心にしみながら何色をも感じとれる透明な白だと捉え、秋の風の中に定家は、彼なりの心眼で「色」を見いだしたのだろう。

四季の移り変わりについての先人の感じ方は、ほぼ一致している。

名前を忘れてしまったが、ある詩人は、四季の交代について、「冬は静かに落ち葉の葉書で知らせてくれるが、秋は前もって小さな声で電話をかけてくるだけです」と言い表わしている。さすが詩的で、お見事である。

四季の中でも秋の到来については、「目にはさやかに見えねども……」なのである。「きょうで夏が終わり、明日からは秋だ」と判然とはしない。

地球温暖化のせいか、この二、三年のように九月の終わりになっても残暑が続くと、夏と秋の区切りがますます分かりにくくなるが、その残暑の中に「目には見えねども」そこはかとなく秋の気配、訪れを感じ取り、また何とも言えない清々しさとものの悲しさを心地よく味わっていくのだろう。

兼好法師の『徒然草』では、「春暮れてのち、夏になり、夏果てて、秋の来るにはあらず。春はやがて夏の気を催し、夏より既に秋は通い」と書いてあり、それが、「春隣・秋隣」という季語にもなってくる。夏の終わりが同時に「秋近し」であり、年をとると、とくに身にこたえる暑い夏を嫌い、清楚で美しい秋を、心の中では既に思いはせていたのかも知れない。俳句の歳時記には、「行く春」や「行く秋」はあっても「行く夏」はない。「秋惜しむ」はあっても「夏惜しむ」は見当たらない。

しかしこれも、昔の人たちのこと。今では夏休みも残り二、三日になると、宿題に追いまくられる小中学生や、夏の浜辺で恋に落ちた女性が、秋間近になり、それが「ひと夏の恋」に終わったことを悟る時、「行く夏」は寂しい思い出として存在してくるのだろう。

菊の香り

古くから阪神間に住んでいた人は、子供の頃よく枚方や阪神パークの菊人形を見に連れて行ってもらった思い出があるだろう。NHKの大河ドラマを見るような時代絵巻が展開されていたのを楽しんだものだが、これも今ではもうほとんど姿を消してしまった。秋の風物詩だったような印象を受けたのに、ちょっと残念だ。

日本の国花と言えば桜、が常識であるが、皇室の花と言えば、菊である。皇室の紋章は十六花弁の八重菊、宮家は十四花弁の裏菊と区別され、これは明治二年に制定されている。紫綬褒章を受章した人が、記念に頂いたと、刻み煙草を見せてくれたことがあるが、それには有り難き菊の紋章がつけられていた。これでは恐れ多くて吸えそうもない。

私たちが個人で持つもので、この皇室の紋章を目にするのはパスポートであり、この表紙には日本国を象徴する菊の紋章がつけられている。いくら日本の国花が桜とは言え、桜の紋章ではハクがつかないからなのか。

菊は、古来、梅・竹・蘭と合わせて「四君子」と呼ばれており、その伝統と格調の高さや気品あふれる美しさから、中国や日本の絵の主役の座をも占めてきたのだろう。日本酒の銘柄にも、「鶴」とともに「菊」の字がつけられているのを数多く目にする。

このように、菊は花の中でも飛び抜けて気高い位置づけをされてきたようだが、観賞用としてだけでなく、一方で「食用」「薬用」としても重宝されていた。もともと、菊は薬用植物として平安朝の頃に中国から伝わってきたと言われている。

中国茶に「菊茶」というのがあるが、台湾の知人に聞くと、菊には「毒消し」効果もあり、リビングルームなどに鉢植えを置いておくと部屋の空気がキレイになると言う。そう言えば、料理屋で出される刺身の皿には必ずと言っていい程菊の一輪が添えられているのは、そういう効果があるからなのだろう。

しかしその後、現代の日本であまり菊の薬効が言われていないのは、菊がいろいろな病気回復に効力があるという説が、そもそも菊が「効く」に通じていることに端を発したからかとも想像できる。他にも、菊の薬効?を利用したものに、昔から「菊枕」というのがある。これは菊畑から摘んできた花びらをいっぱい詰め込んで作った枕であり、その香りが良くて頭痛などに効能がみられたと伝えられている。このように、菊の香りは古くから愛されていたようで、葉のついた枝を着物の袂にしのばせて匂い袋のような役目を果たした時代もあったようだ。

これも、単なる語呂合わせとして、「菊」が、「聞く」や「効く」にかけられてのことと考えてしまうと、何とも味もソッケもなくなってしまう。

こんな風に、花の「君子」である菊には諸説あるが、九月九日の重陽の節句に朝廷では「菊花の宴」を催し、菊の花を添えた「菊酒」を臣下に振る舞ったというのは間違いない。

お月見

季節行事を楽しむ習慣に現在でも旧暦が用いられることがあるが、どうもこの旧暦と新暦の扱い方はややこしい。

日本では、もう百三十年以上前の明治六年に旧暦から新暦に変わったのだが、秋の行事をみてみるに、菊の節句とも言われる重陽の節句は新暦の九月九日に行われることが多いのに、現実には菊はまだ満開にはほど遠い。これに対して、中秋の名月は旧暦を今でも守っている。もっともこちらは、そうでないと満月にならないからだ。

同様に、正月は新暦一月一日に祝っているのに、本来なら秋の季語である七夕は新暦で捉えているのが通常のケースだ。旧暦なら空が澄み渡り、牽牛と織女の逢い引きも可能になるが、新暦にしてしまうと、毎年ほとんど雨か曇り空であり、まだ梅雨明けしていない年も多い。これでは、星たちのデートを邪魔していることになり、無粋この上ない。今更旧暦に戻す必要もないが、日本の伝統的な季節行事だけは旧暦を重視するというのも、ともすれば若者たちに忘れ去られがちな日本特有の文化を継承していく上で大事なことだと思う。

では、「中秋の名月」をもう少し詳しく調べてみよう。暦が普及する前は、満月の日がその月々の折り返しの日とされていたが、中でも陰暦八月の十五日は初穂祭りであった。秋の収穫物である芋やススキの穂を供えたので、十五夜を芋名月とも言った。この前後の月にも名前がつけられている。前日の十四日の月を待宵、翌十六日を十六夜、十七日の月を立待月、十八日を居待月、十九日を臥待月または寝待月と呼んでいたのだ。十七日以降はどんな状態で月を眺めるのかで、名付けられたのであろう。

更に、陰暦九月十三日の月を「後の月」と呼んだが、これは中国にはなく日本固有の見方であり、十五夜と合わせて「二夜の月」として楽しんだそうだ。こちらの方は、「芋名月に対して、「豆名月」とも呼ばれている。

ところで、「明月」と「名月」とは違う。「明月」とは、曇りなく澄み渡った月をさして言うが、十五夜と十三夜のみを、室町時代の頃から「名月」と呼んだと記述されている。旧暦だ新暦だと未だ混在している日本の季節行事と比べて、旧暦を重んじる中華圏では、中秋の名月の日を「中秋節」と呼んで家族とともに観賞し、焼き菓子の月餅を食べながら祝っている。月餅の丸い形が満月を表し、家族の団結も象徴しているからなのだろう。この習慣が始まったのは、千百年以上も前の唐の時代からだと言われているが、何においても中国という国は日本とは「時の感覚」がケタ違いだ。

ところで、台湾ではこの千年以上続いた月餅から、このところ急速にバーベキュー祭りに変わってきている。満月の下で、家族や仲間と屋外で「焼き肉パーティ」を楽しむというのだ。関西の海苔メーカーが節分の日に巻きずしの丸かじりを考案して流行させたように、台湾でも一九九〇年頃、焼き肉のたれメーカー二社がこの新しい習慣を打ち出したのだそうだ。大手スーパーでは、肉や野菜はもちろん、調理器具やら木炭、紙コップなどが売れに売れるのだが、これも台湾の家計にゆとりが出てきたのと、野菜を多く使うバーベキューの方が甘い月餅より健康に良いなどと宣伝しながら、庶民、とくにマーケットリーダーである若者の心を巧みに捉えたからなのだろう。

日本のように、未だ旧暦復活論者が登場してウンチクを並べているよりも、こんな新しいイベントを考え出した方がずっと楽しいではないか。

こうやっていくつかの「季節のエッセイ」を書いてみて感じるのは、恐れ多くも「天声人語」などと比べてみると、私のは季節のことばの語源や謂われを書き並べているだけで、その時々のニュースにからめた「時評」などをほとんど取り入れていない。そのため、サプライズにもエンターテイメント性にも欠けており、よって、「感動」が生まれず「共感」も湧いて来ないのだろう。

字数の問題もあるかもしれない。朝日の「天声人語」なら約六百二十字、日経の「春秋」なら五百四十字ぐらいのところを、私は千二百字程度で書いてみたので、ちょっと間延びがするキライもある。

それに、何と言っても文章の基本である起承転結の、とくに「転」が抜けていることがよくわかる。これでは、まだまだ勉強、勉強である。時間はたっぷりあるのだから、こんなことに気をつけながらまたチャレンジしてみよう。

2章　話のネタを集める　その一

会社に勤めている間は、社内の人や業務上のお取引先はもちろん、異業種を始め多種多様な世界の方たちと接する機会が多くあり、自分が年下であったり接待役や進行係のケースでは、「場を持たせるためのネタ」準備をしていくのが普通である。

それが退職してしまうと、前もってそういう気遣いせねばならない場に出ることが急減してしまう。それでも、サラリーマンの時代には逢えなかった昔の同級生や退職後入会したカルチャースクールなどでの新しい仲間や後輩たちと話す機会は相当出てくる。そういった場合、やはり昔話だけではなく、時代に合ったタイムリーな話題も持ち合わせておくことが必要である。

そのためには、常日頃から新聞や雑誌の切り抜きをファイルしたり、テレビなどで有名人が語る、印象に残る言葉をメモする習慣もつけて、その場に自分だけが取り残されることがないよう気をつけていかねばならない。会社に勤めていた時は、自分が話の進行役などで前へ前へとリードしていく立場であるのに対し、退職後の「話の場」では、「上手な聞き役」になることが大事である。

要するに、相手の話を途切れさせないために、出された話題を受けての、「そう言えば……」と続けられるネタをどれぐらい持てるかで、「聞き上手」「楽しい話し相手」になれるかどうかが決まるのである。

例えば、その場の中心人物が、「先月夫婦でドイツのロマンティック街道のツアーに参加してきたんですよ」と話しだしたら、途切れた頃合いを見計らって、「ドイツといえばニュールンベルグ、ミュンヘン、フランクフルトと、地域が変わるごとにソーセージのカタチや料理の仕方が変わっていくのですね」とか「ミュンヘンのあの有名なビアホールに日本人の団体が入って行くとたちまち、アコーディオン奏者が『さくらさくら』を弾いてくれたのにはびっくりしましたねえ」と相づちを打ってつなげていく。

また韓国のことが話題に上れば、「ソウルの地下鉄は六本ありますが、すべての駅に通し番号が一目瞭然に大きく表示されていますね。大阪の地下鉄御堂筋線もこのところ駅ごとに小さく番号表示が見られますが、これはきっとソウルのやり方を真似たのでしょう」とか、「ソウルといえば、ワールドサッカー初日の観戦ツアーに参加してタクシーの運転手さんから聞いたんですが、『市内の渋滞・混雑を避けるために、サッカー開催中、今日は末尾が奇数のナンバーの車しか通行できません。きのうは偶数番号の車でしたから』というのを始めて知りました。今の大阪でしたら、こういう規制をやろうとしてもなかなか受け付けてくれないでしょうね」などと、その時に出て来た話題を途切れさすことなくどんどんつなげていける、「受け上手、聞き上手」になりたいものだ。

そんなことで、これまで何年間か集めてきた「話のネタ」を、全くアトランダムではあるが、いくつか列記してみよう。あくまで口語体の、自分なりの「話のネタ」としてのまとめ方にしているので、テーマごとの長さはマチマチとなってしまっている。

年賀状の始まり

昨今は、パソコンの急速な普及により、また携帯電話によるものも増え、従来の年賀状は年々減少してきたが、〇八年になってやっと下げ止まったらしい。

この年賀状の起源を調べてみると、年賀状らしきものが世界で始めて登場したのは、十五世紀のドイツだそうだ。キリスト像と新年を祝福する言葉を銅板で印刷したのがそもそもの始まりであり、不思議なことにクリスマスカードが登場したのは、それから三百年以上もあとになってからと言われている。

当時の郵便は受取人払いであったため、一般に広く普及されるには至らなかった。

我が国では明治六年に郵便はがきが発行されたので、個人間での年賀状のやりとりはその頃から始まっていたのだろうが、終戦後の昭和二十四年に「お年玉つき年賀はがき」が発売されてから全国に一気に普及していったようだ。

干支の一番目の「子年」

二十一世紀に入っても未だに干支が重用されているのは、年賀状を書く時ぐらいに限られてきた。運勢にしても、生まれ年の干支よりも星座や血液型のほうに移ってしまった。

そう言えば、「星」という字を分解すると「生まれた日」になるから、こちらの方が運勢を占うにはふさわしいのかもしれない。

脱線しないうちに、子年にまつわるネタの方に話を戻そう。

新年のパーティでの乾杯の前の短い挨拶や新年仕事始めの挨拶の機会などが多いトップの方たちのなかに、その年の、「干支にまつわる話」を持ちネタにされてるケースをよくみかける。

タイガースが大活躍した翌年なら、甲子園球場は大正三年の「甲子《きのえね》」の年に出来たから、そう名付けられたのだというところから始めてもいい。

世界に生息するネズミは千七百種以上もみられ、南米にいる「カピバラ」というネズミは大きいもので体調一・五メートル位のものまでおり、逆に小さい方では「カヤネズミ」という種で成長しても体調五センチ、体重七グラムのものが国内でみられるそうだ。

「子年」にはテレビや新聞で必ず紹介される神社として、京都の大豊神社がある。神社といえば狛犬と決まっているが、ここだけは一対の狛ネズミが迎えてくれるので、正月には、なでたり記念撮影をするなど初詣客に大人気で賑わっている。この狛ネズミは「あ」「うん」ではなくて、お神酒を抱えている方が雌で無病息災の、そして雄の方は学業成就の御利益があると言われている。「苦しい時のネズミ頼み」とでもいうのだろうか。

「鼠」と聞いて即、思い出す人の名と言えば、ほとんどの人が「鼠小僧」と答えるだろう。江戸時代の庶民のヒーロー?であった鼠小僧の墓は両国回向院にあり、とくに子年には「鼠小僧開運御守」が飛ぶように売れるそうだ。今更夜中に鼠小僧が忍び込んで来て、一万円札を置いて行ってくれるわけでもないだろうに。

子年生まれで既に鬼籍に入った、世界の著名人をみてみると、クレオパトラ、ジョージ・ワシントン、モーツァルト、シェイクスピアら錚々たるメンバーであり、日本国内でも鑑真、明智光秀、初代市川団十郎、渋沢栄一、北里柴三郎、野口英世、小泉信三ら、知性派が名を連ねている。やはり、干支の一番目の子年生まれの人は、それぞれの分野でその時代を牽引していくリーダーたちが多かったようだ。

乾杯の儀式

中国では外国からのＶＩＰをもてなすにあたり、いくつもの大きな皿に盛られたごちそうをまずはもてなす側が自分で食べてみて、それから相手の分を小皿に取り分けて勧めるのが昔からの習わしになっている。これは、毒の入っていないことを証明する中国独特の作法なのだ。

西洋人が酒を飲む時にする「乾杯」の儀式も、昔々は毒殺防止が目的であり、客の懸念を払拭するために、主人側が自分のグラスから客のグラスに注ぎ、そのあと客の方から主人のグラスに酒を一部戻し注ぐ。これで安全確認が出来たわけだが、その後、こういった儀式がカタチだけ残ったのか、現在のようにグラスをカチンと打ち合わせる「乾杯」の型式に変化していったのだろう。

もう十年以上前のことだが、米国のＧＡＰを日本で始めて数寄屋橋阪急で展開することになってのオープニングパーティでのこと。

私が、「日本ではこういう時に乾杯の発声をする人は、『それでは、みなさま方のご健勝とご多幸を祈念いたしまして……』というのがキマリなんですが、米国ではどんな風に言うんですか」と尋ねてみると、ＧＡＰインターナショナルのトップから次のような答えが返ってきた。

「とくに決まり文句はないんですが、私なら、『あなた方と私たちのヘルシーな関係がずっと続きますように』と言います」

「ヘルシー」という英語には、通常の日本語訳にはないもっと深い意味があるのだろうが、これも話のネタとして使えそうだ。

鬼の由来

電灯の光もない、電話という通信手段もない大昔に、自然災害や疫病の流行など、いつ襲ってくるかも知れない恐怖・脅威感が「鬼」という形になって登場して来たのだろう。「隠《おん》」が変化して「おに」という言葉になったとも言われている。自然の脅威としては風神、雷神など、鬼というよりむしろ「神」に近いものとして捉えられていた。

鬼の伝来については、仏教の影響を大きく受けているようで、中国では生者の「陽」に対して、死者の「陰」と見ることにより、死者の霊を「鬼」と考え、祖先崇拝の対象ともなっていたという。

中国の陰陽五行説の影響を強く受けていた日本では、季節の変わり目である節分によく鬼が登場する。秋田の「なまはげ」や豆まきで追われる鬼、逆に関西の一部の県のように招かれる鬼、それに「般若」の鬼面など、いろいろなカタチ、いろんな場に鬼が主役、脇役を演じてきたのだ。

仏教の守護神である帝釈天と常に敵対する「阿修羅」と呼ぶ悪鬼もいる。子供の頃から絵本で見る鬼の姿や漢方の風邪薬のテレビコマーシャルでよく目にする鬼の姿は、牙や牛の角のようなものをはやし、上半身裸で虎の皮のふんどし姿というイメージが定着しているが、これは鬼門（北東＝丑寅《うしとら》の方角）を嫌うことから、このような絵姿が画き出されたと言われている。

明治維新は、「料理維新」

江戸時代の食べ物であった、二八そば、天麩羅、にぎりずし、うなぎ丼、田楽、しるこなどが屋台からの発生で庶民対象であったのに対し、幕末から明治にかけて日本に入ってきた西洋食は、上の方（政府と知識人）から次第に下へと伝えられていった。

明治天皇が自ら率先して獣肉を食べられ、肉食こそ文明開化の象徴と言われる時代を迎えたのだ。明治も中頃となると、一般の子女を対象とした料理学校も開校したり、新聞で家庭料理の記事も目立つようになり、和洋折衷の新しい食である日本独自の「洋食」が生まれていった。こうやって肉食が解禁になってから、その後、「とんかつ」の誕生に至るまでは六十年もかかっている。

米飯と競合しないあんパンという菓子パンのおやつも日本人が創案したものだが、コンロでの牛鍋を家族が箸でつまむことから食の文明開化が始まったとも言われている。この牛鍋のあとにすき焼きが登場するのだが、煮込み式の牛鍋が関東、焼き肉式のすき焼きは関西で好まれたそうだ。そして、関西のすき焼きが関東に伝わったのは、大正十二年の関東大震災の後からであり、関西風に生卵をつけて食べるようになったという。

話をとんかつに戻すと、この語源は、フランス語の「コートレット」から来ている。

コートは子牛や豚、羊の骨付き背肉をカットしたものであり、最終的には英語のカットレットが詰まって「カツレツ」と呼ぶようになったのだ。あまり普及しなかったビーフカツレツやチキンカツレツを経てポークカツレツが生まれ、「とんかつ」の誕生をみるのだが、これが日本三大洋食のひとつとして庶民間での人気を博していった。

ちなみに、「ハヤシライス」は、丸善の創業者である早矢仕有的氏の考案によるものとされているので、その名がついている。

「君が代」の続き

東京のある古書籍資料館に団体視察で行って、「君が代」に「続き」があることを発見した時は、ちょっとした驚きだった。

「こけのむすまで」のあとに「常磐のかきはに　かぎりもあらじ」と続くのである。そして歌詞は二番まであったのである。「幻の二番」と言われているらしい。その上、何と米国のメイスンという人が作曲し、文部省が始めてつくった唱歌集に載せられているのを知り、ショックは更に大きくなった。

この頃（明治二十年頃？）全国でブームのようにつくられた小学校校歌の多くが賛美歌を原型としており、「君が代」もひょっとしたらその流れだったのかも知れない。

もう十年以上も前のことになるが、経済団体の記念式典が東京ドームで挙行された折に参加する機会があり、各業界の代表者たちと整列して舞台上の天皇陛下に向かって「君が代」を斉唱した時は、すぐ目の前におられる陛下に向かって「君」が代《よ》と呼びかけているのだから緊張感が漲り、厳かな気持ちになり思わず汗ばんだことは忘れられない貴重な経験だった。

緑の桜

緑色の桜の木が京都にあると聞き、早速ネットで調べてみた。あった、あった。本堂に歓喜天を奉ることから、地元では西陣聖天と呼ばれているという、高野山真言宗の雨宝院である。

桜の見頃を教えてもらおうと、雨宝院に電話をしてみたら、誰もいないのか留守電になっていた。またあとで電話すればいいやと、読書を続けていたら、しばらくして電話が鳴ったので出てみると、突然年配の男の声で、「先程お電話をいただきましたか」と言われ、「えっ」とすぐには思い出せなかった。一瞬返事が出来ないままでいると、「京都の雨宝院ですが」と言われ、驚いた。何と、雨宝院の住職さんからではないか。寺の電話がナンバーディスプレイになっていたのだろうが、それにしても本当にびっくりした。と同時にこんな親切なお寺があるんだなと感心してしまった。

その懇切丁寧な説明を聞いて、見頃だという、次の休日に早速カメラを持って出かけてみた。今出川浄福寺バス停から徒歩五分程の狭い路地を入ったところにある小さな寺だった。平安時代に嵯峨天皇の病気平癒を弘法大師が祈願したという大聖歓喜寺が始まりとされ、当時は広大な境内だったらしいが、のちに焼失し、今は雨宝院のみが再建されたと伝えられている。境内にある染殿井戸は、以前は西陣の染物関係者が染色に最適と、よくこの水を使っていたという。入って左手の「時雨の松」の横に、それはあった。

「歓喜桜」と呼ばれ、八重桜の一種だそうだが、本当に花びらが見事に緑色なのだ。

誰と誰に見せてやろうかと頭に思い浮かべながら三百ミリの望遠レンズでその不思議な緑の桜を撮りまくったのは言うまでもない。

酒の肴に、雑学あれこれ

日本人の酒飲みたちの酒の楽しみ方に「一時《いっときに》二友《ともさん》三肴《さかな》」というのがあるらしい。

一番目の「時」というのは、忘年、新年と称して飲み、会社での仲間が昇進したり転勤するたびに飲み会を催したりと、飲む（飲みたい）キッカケを自ら積極的に仕立てていくのである。二番目の「友」は、言葉どおり久しぶりに会った友をダシにしたりして飲む。三番目は、到来物のおいしい干物があるからとか、あの店のおでんのネタはうまいからと飲む。要するに、いつでも飲めるキッカケをどんどんつくり出していくのが日本のおじさんサラリーマンたちなのだ。

「友」と言えば、中国の白居易（楽天）は、詩、酒、琴を生涯の「三友」とし、唐の時代の酒飲みたちの理想像とされていたと聞くが、やはり日本のサラリーマンの酒とは比べようもない。

ところで、酒の「肴」という字は、元々は酒と一緒に楽しむ「酒菜《さかな》」と呼んだことから派生したと言われる。そういった酒にまつわる語源を調べてみると面白い。

酒飲みの「上戸」と飲めない「下戸」については、大昔、大宝律令で家について定められた制度で、一家に六、七人の成人男子がいる家を「上戸」、それ以下を「下戸」としており、上戸の家は貴族など権力者なので当然沢山の酒を飲んだ。そこから、「酒飲み＝上戸」となったそうだ。

江戸時代、上質で重宝されていた灘や伊丹の銘酒が江戸へ船積みされ「下り酒」と呼ばれ、品質の悪いものは「下れない」から「下らない」酒と呼ばれたことはよく知られている。が、酒造りの初期の手法として「口噛《くちか》み」という、穀物を炊き、少しずつ口に含んでしばらく噛んでから甕に溜めておいて酒にするという方法があり、この仕事が一家の主婦の担当だったところから「噛みさん」、それが「お上さん（おかみさん）」になったというのはあまり知られていない。

魚ではない魚

寿司屋の大ぶりの湯飲み茶碗に魚ヘンの文字がズラリと並べられているのを見て、自分はいくつ読めるかと試してみた人は多いだろう。

鰹、鮃、鰆、鱈、鮒、鮪ぐらいまではスンナリ読めるが、鱸、鱧、鰊あたりでちょっと考えてしまい、鰰、鯒、鰡、鯰になると、もうお手上げ。我慢出来ずに隣の相棒に尋ねてしまうのが常だ。

こういった魚ヘンの文字で、本当は魚ではないものがあり、クイズにもよく登場する。

答えは、鯨で、ほ乳類だからだ。

鯱《しゃち》も海獣だから、魚ではない。

名古屋の金のシャチホコにもなっている鯱は、タラやカレイ程度の大きさの魚だけではなく、サメやオットセイまで襲い食うというから、その獰猛なスゴさから城につけられているのかも知れない。

ついでに付け加えると、中国と日本の字で意味が違うものがある。あの照り焼きにするとうまい「鰤《ぶり》」という字は、中国では、食べると死に至る毒魚だそうだ。

「厄年」は、人生の節目

「厄」という字は、もともと「木のふし」から来ている。「木のふし」というのは、切り出した木を平板や角材にしたり加工する時に不都合を生じるところから転じて「わざわい」や「苦しみ」の意に用いられるようになった。

これが「厄年」になると、日本では古くから男が二十五、四十二、六十一歳、そして、女が十九、三十三、三十七歳とされており、今なお、男四十二歳、女三十三歳の「大厄」の年前後には厄除け参りをする人が多い。

しかし、民俗学では「厄年」というのは、本来は「役年」であったという説が大勢を占めている。元来農耕民族であった日本人は村落において、ある年齢に達すると神を祭るためのさまざまなお世話係、即ち、幹事的な役割を担う習わしがあった。まずは、七歳になると、「こども組」に加入する。その後そこから抜け出して「若者組」に入る。そして、二十五歳で脱退し四十二歳で村落の「神役」の資格を得、六十一歳で「頭屋」に加入出来るというわけだ。こういった「役」につく節目の年が、今も言われる「厄年」とほぼ合致している。現代でも、入学、七五三、卒業、成人式、就職、結婚、出産、会社での異動、転勤、そして定年と続く長い人生のなかで、よく似たいくつかの区切りとなる「節目」が見られる。このような節目の年にする「年祝い」が「厄払い」であり、これはめでたいから祝うのではなく、逆に、祝うことによって「めでたくする」のである。要するに、これは、一生の間での節目節目を健康で無事にやり過ごすための「転ばぬ先の杖」であり、長い間の経験に基づいて考え出した日本人の生活の知恵とも言える。「厄年」の年齢については いくつかの説があるが、一歳から始まり十二を順に加えていく体系、即ち、十三、二

十五、三十七、四十九、六十一歳という十二支の思想によるものが一般的であり、現代においても受け継がれている最もポピュラーなものである。

右が「正しい」のか

右と左は、英語ではライトとレフトであり右の方が「ＲＩＧＨＴ＝正しい」となるのだろうか。

利き手でみると、確かに右利きが圧倒的に多い。世界中のどの宗教、どの民族をみても左利きが多数派であった歴史はない。漢字でもアルファベットでもアラビア文字でも左手だと書きにくいからだろうか。それにしても男性の右利き率が六十パーセントであるのに対し、女性のそれは七十一パーセント強と高く、左利きの女性は少ないと言える。面白いことに、母親が左利きの時は子供も左利きになる確率が高くなり、父親が左利きの場合に子供がそうなる確率は五、六パーセント程度にしかならないというデータもある。

これが、右回りと左回りになると、ちょっと違ってくる。左回り健康法という説もあるようだが、陸上競技のトラックも、大相撲の土俵入りも左回りだし、皇居の周りをジョギングする時も大抵左回り。バレリーナが回転するのも左回りがほとんどである。地球の回転も左回りだからだろうか。逆に右回りが増えると疲労がたまったり気分が落ち着かなくなるとかで、この作用を利用したのがジェットコースターで、恐怖感、緊張感を意識的に高めさせているのだと聞いたことがある。

更に「左」信奉者が喜びそうなネタを見つけたので紹介しておく。

黒田正子さんの『京都語源案内』のなかに「さまになる」と「うまい」の語源が出ているので、抜粋させていただく。

舞楽の世界では「さまになる」は「左舞になる」、「うまい」は「右舞」がルーツだと言われている。舞楽には、唐楽の左舞と、高麗楽の右舞がある。舞人にとっては、右舞より左舞の方がより高度で難しい舞とされている。そこで、まず右舞が一人前になると「うまい」、さらに左舞が舞えるようになると、ようやく「さまになる」といわれるのだそうだ。この通りだと、「左」の方がグレードやセンスが上ということになる。

古代日本では官職は右より左の方が上位であり、左大臣の方が右大臣より偉かったし、大相撲でも現在のように東西に分けている以前は、左右に分けられており、その時は左の方が現在の東に当たり、官位同様、右より左の方が上位だった。大正天皇がご即位の時にも、ヨーロッパではキングが向かって左なので、それにならって左が男性になられたそうだ。

ところが、慣用句で「右に出る者がない」というのがあるように、左より右の方が優位とするケースもあり、まあこれは左右「引き分け」としておいた方が無難なようである。

万歳三唱の発明者

明治時代の新聞で見つけたのだが、明治二十二年の憲法発布式の際、帝国大学生の祝意を表する方法について教授会を開催し種々協議したところ、外山博士という人が、従来大学生が唱えてきた英語での祝意は甚だ面白くないので「万歳、万歳、万歳」と高唱させたらどうかと発案したところ、出席者一同手を打って賛成し直ちに決議したのだそうだ。博士自ら発声者となって学生に練習させ、式の当日は学生一同皇居正門前に整列して、この祝意をあげた。これが万歳三唱の起源であり、以来世間一般が常用するに至ったと書かれている。

選挙で当選した人たちの祝いの場や企業の創業記念式典などでは、外山博士の発案から百年以上も経った現在でも「万歳三唱」が唱えられているのだから、時代を超えた発明といえるのかもしれない。

「企業」の意味するところ

いつの時代からか、日本では会社のことを「企業」と呼んでいる。企業の「企」は、訓読みすると「クワダテル」だ。

我が国は元来農耕民族だから、お百姓さんは毎日、日の出を待って畑に出て鍬を持って一所懸命耕しつづける。そして日没になると家に戻り、翌日の活力を蓄えるために風呂に入り夕食と十分な睡眠をとり、翌朝もまたいつものように畑に出て下を向いたまま耕し続ける。

毎日毎日こうした繰り返しに終わるのではなしに、一度作業を中断し持ち続けている鍬から手を放し鍬を立ててみなさい、そして、今まで自分が耕してきた成果をみて、そのやり方で良かったのかどうかを振り返り、空を見上げ、周りの風の音を聞き分け、今年の冬は早いのか、例年より寒くなりそうなのか、そんなことを予測したり状況判断したあとで次の作業に移りなさい。即ち、一度立ち止まって「クワ」を「タテ」てみること、「クワダテル」ことが大事であり、それは会社にとっても同様なんですよと、昔の人たちは「企業」という字にこめて私たちビジネスマンに教えてくれていたのではないだろうか。

周囲のことなどほとんど気にしないでガムシャラに突っ走る猪突猛進型の社員にはちょっと耳の痛い話である。

色っぽい、話のネタ

青鈍、土器茶、韓紅、深紫、海松藍、朱華、檜皮色、縹色、蘇芳色、紅絹色。

日本古来の色の名前を十個並べてみた。さあ、いくつ読めるだろう。欧米の人たちがグリーンやブラウン、ピンクなど色の名前をつけたのと同様に、これは日本人がいつの時代からか自分たち自らでつけた色の呼び名なのだ。こうやってひとつひとつの色の呼び名がつけられたのも、日本人の暮らしのなかで昔から見られた自然、風物、動植物などを、身分や地位に関係なく、誰もがそれらを目にしたからだろう。

日本はますますグローバリゼーション化が進むなか、こうやって日本ならではの色の呼び名を持っていたというのは、独自の文化とも言えるし、その一方で、時代とともに忘れ去られていくのは何とも惜しいように思えてならない。
では、私がこれまで見聞きして知った色について、いくつかコメントしてみよう。

四十八茶百鼠

江戸時代に出された奢侈禁止令を受けて、大店の商人たちを中心に茶や黒、鼠色など地味な色合いの着物が流行し始めたのが、この「四十八茶百鼠」である。花鳥風月や当時人気の歌舞伎役者の名前などが好まれてつけられたようだ。媚茶、御納戸茶、光悦茶、栗皮茶、路考茶や、深川鼠、松葉鼠、島風鼠、生壁鼠、鴨川鼠など、それぞれ工夫した味のある名がつけられていたが、それにしても、茶と鼠色だけでよくまあこれだけ見分けたものだ。

そのなかのひとつで、私が一番関心があるのが「利休鼠」である。

北原白秋の「城ケ島の雨」の歌詞のなかに登場する「利休鼠の雨がふる」という、あの利休鼠色だ。

白でもない、黒でもない、利休鼠色というのは、金沢など古都の光景に象徴される、あの屋根瓦の波の色である。だからと言って、無表情でクールなのかというと、そうではない。瓦は、よく晴れた日と雨の日とでは全く別の生き物のように千変万化の表情を見せてくれる。日本文化そのものが、このように白黒つけないファジーな要素を持ちながら、その奥に独特の心や主張を包み隠しているということなのだろう。

虹の色

色というのは当然のことながら目で見るものだが、同じモノを見ても日本と欧米人とでは表現の仕方が変わるものがある。社用でよく使う茶封筒のことを、フランスでは黄色と呼ぶらしいし、やはりフランスの子供に「りんごは何色?」と聞くと、「緑色」と答えると聞いたことがある。同様に、日本では赤、橙、黄、緑、青、藍、紫の七色とされる虹についても、英国では藍を除いた六色、ドイツでは五色とされているというから面白い。時代や国によって色の識別の仕方が違うというのが科学者の説のようだ。だから、いずれが正しいかとは言えないのだろう。

赤と青と黄色

冒頭に書き並べた色のうち、韓紅、朱華、蘇芳色、紅絹色の四つは赤系の色である。

赤は、太陽の色であり、血の色であり、情熱の色であるとされているが、大昔の戦争などにおいても「赤は強い者を表す色」として使われている。「壬申の乱」での大友皇子は

「黒が強い男の色で赤は古来女の色」と考え黒の旗印を用いたものの、大海人皇子が使った朱雀の赤色の旗を見て日輪の輝きと思うとともに、黒がおぞましい黄泉の色とも思え、心の迷いに陥ったとされている。

ちょっと話が飛ぶが、各国からの移住が多い南太平洋のフィジーでは、赤い屋根はヒンズー教徒、緑のはイスラム教徒、黄色の屋根の家はシーク教徒が住んでおり、屋根の色がそれぞれの宗教のシンボルカラーになっているので、わかりやすいという。

ところで、この「赤」も、思わぬところで悪役を演じているケースが見られる。「真っ赤な嘘」「赤っ恥」「あかんべえ」、「坊ちゃん」に登場する「赤シャツ」などがそうだが、それでもヨーロッパでは、サンタクロースの赤い服や「グリム童話」の「赤ずきん」ちゃんなど、赤が好まれているのだろう。

赤とともに三原色のひとつである青も、陰陽五行説では、東（春）に配され、平和、透明さ、静けさ、安全などのイメージを有すると同時に、「青筋を立てる」「青大将」「青二才」などという使われ方もしている。

言葉の持つイメージとは面白いもので、例えば、シュトラウスの「美しき青きドナウ」を「ブルーのドナウ」と訳したり、逆に「水色のワルツ」を「青いワルツ」と訳してもどうもイメージが悪くなってしまうし、ポール・モーリアのヒット曲「Ｌｏｖｅ ｉｓ ｂｌｕｅ」を「恋はみずいろ」と訳さないで、そのまま「恋はブルー」としていたらあれほど人気を博さなかっただろう。

三原色のもうひとつである「黄色」は、中国五行思想の「木、火、土、金、水」の中央に位置する「土」に例えられる。黄という元の字は、「光」と「田」に分解され、光り輝く田圃、即ち「土の色」ということになる。

中国五帝の中心的存在の「黄帝」は神話的伝説の王とされており、戦国時代までは、黄色が最も高貴な色とされていた。しかし、それも時代の流れとともに、紫に上を越されてしまった。

また話が大きく飛ぶが、南米のペルーではクリスマスの頃、女性が黄色のパンティをつける習慣があって、リマのデパートでは黄色の下着専用売場が特設されるそうだ。これは黄色が「幸福を招く色」とされているからである。日本でも、昔の映画で「幸福の黄色いハンカチ」というのがあり、高倉健扮する夫が「もしも出獄してきて、家に戻ることを許してくれるなら、黄色いハンカチを掲げておいておくれ」と言い残して行ったのに対し、妻役の倍賞千恵子が黄色いハンカチを前庭に何枚も掲げていた印象的なシーンがあった。

以上、色がらみの話のネタをいくつか集めてみたが、「色」のつく四字熟語ですぐ思い出すものと言えば、「色即是空」だ。私も以前は勝手に意味を誤解をしていたが、本来の意味するところは、「色とは、この世のすべての物体ことごとく空である」ということなんだそうだ。いずれにしても色の道を理解するのは難しい。

「話のネタ」をいくつも持っておくためには、日常生活のなかでの、こういったちょっとした疑問にぶつかると、その都度詳しく調べてみようという習慣を、年を重ねていってても面倒がらずに持ち続けていくことが大事なのだろう。

3章　話のネタを集める　その二「よく似た言葉」

前項のような短い挨拶のネタとして使えるものの他に、数人の仲間たちとの食事会などで、突然誰もがしゃべらなくなってしまうような時に使える、いわばＢｒｅａｋ ｔｈｅ Ｉｃｅ的なネタも常に持ち合わせておくというのが、「大人の作法」ではないか。

そのひとつとして私のおすすめに、「よく似た言葉」のコレクションがある。

戦後復興期の日本人が夢見たのは、「アメリカの中流家庭のようなライフスタイル」であったが、もうひとつ、あの時代にあこがれの地と言えば、映画の都ハリウッドだった。そのハリウッドはロスの郊外にあり、丘の中腹にＨＯＬＬＹＷＯＯＤと刻まれているのはよく知られているが、これを最初に訳した日本人が「聖林」としてしまったのだろう。しかし、本当はクリスマスのホウリーナイトがＨＯＬＹであり、ＨＯＬＬＹの和訳は西洋ひいらぎなのだから、私たちはこれまでだまされ続けたまま夢見る地に想いを馳せてきたことになる。

同様に、日本の国際協力、世界への貢献の元になる「国連」は、英語ではUnited Nationsであり、本来なら第二次大戦後、連合国が主体となって結成された組織であるのを、誰かが「国際連合」と訳してしまった。要するに、原文にはインターナショナルという意は含まれていないのに、その後私たちは「国際的な」というのを頭に植え付けられてしまっているのであり、昨今のいろんな活動にも多少の誤解が生じやすくなってしまったとも言える。

このように、私たちが日常生活のなかで何気なく使っている言葉も、改めてその語源や由来を調べ本来の意味を見直してみると、意外な発見をすることが多い。

「至り」が「始まり」

「冬至」という字を分解すると、冬の至りとなるが、本当は冬の終わりの意ではなく、立冬から立春までの、ちょうど真ん中に位置するのである。

だから、「冬至冬中冬始め」という言葉があるが、こちらの方が正しいのだろう。そのとおり、二十四節気は冬至から始められていたし、古代中国の周王朝では、冬至の頃を新年としていたそうだ。

北半球では、冬至に太陽の高さが最も低くなるし、この頃は大気も乾燥し晴天も多く太陽の観測には絶好の時期であったことも影響しているのかも知れない。

七十七からの「七つの寿」

人生の節目、区切りとして、六十歳が還暦、七十歳が古稀、そして、七十七歳が喜寿などと呼ばれているが、この「喜寿」からあとの祝いの節目には必ず「寿」という字がつく。即ち、次の八十歳が傘寿、八十八歳が米寿、九十歳が卒寿、九十九歳が白寿となる。ここで敢えて説明する必要もないが、「喜」の草書体が「七十七」と読まれたり、「米」は分解すると「八十八」になり、「卒」は「九と十」に分けて略されるからであり、「白」も「百」の一歩手前だから「九十九」歳だ。ここまでは誰もが知っている。

しかし、数年前に今宮戎詣をした時に屋台で売られていた日本手ぬぐいに、白寿につづくものとして「茶寿」と「皇寿」と書いてあるのを発見し、これは以前からあったものなのか、日本の平均寿命が伸びて最近新しくつくられたものなのかと、疑問を抱いてしまったことがある。茶寿が百八歳、皇寿が百十一歳と書いてあったので、何故だろうと思わず考え込んでしまったが、やっと解明でき、うーんナルホドと、思わずこれをつくった人に敬意を表してしまった。さて、おわかりだろうか。最近では、養命酒の新聞広告にこの解説が出ているので、ああそうなのかと知る人が増え、次第に認知されていくのだろう。

サラリーマンとビジネスマン

これは私の勝手な解釈だが、サラリーマンとは、与えられた業務をほどほどにやりこなし、「サラリー」をもらうために働いている人。これに対して「ビジネスマン」は、与えられた以上の仕事を求め目標を高く持ち、ビジネスを生き甲斐として毎日を有意義に過ごす人ではないかと思っている。

もう相当前のことだが、男性向けのある雑誌の新聞広告に「スーパーサラリーマンの為の十箇条」という面白いものが出ていたので次に紹介してみよう。

一、常に死を意識し、漫然と生きない。
一、「ゴルフと女」以外の話が出来る。

一、自分で作れる料理が二品以上ある。
一、水虫、痔、歯槽膿漏がなく、階段を駆け上がっても息切れしない。
一、身の周りに愛着の小さな贅沢品がある。
一、子供の友達の名前を三人以上知っている。
一、スーツ姿はもちろん、オフの日もさり気なくオシャレだ。
一、聞かれないと言わないが、密かな特技がある。
一、会社よりも仕事、仕事は自分だ。
一、学生時代から変わらぬ友が二人はいる。
以上の十箇条なのである。このキャッチフレーズに、「オジンと呼ばれるか、魅力の男と言われるか、分かれ道チェック！」とつけられていたが、ちょっと思いこみのところもあり、また現代のＩＴ時代にはもっとプラスされる条件も出てくることだろう。

それにしても、「スーパーサラリーマン」に対する女性版は、「ハンサムウーマン」とでもなるのだろうか。

「動く」と「働く」

前述の「サラリーマン」が意味する、仕事というより「作業」レベルで「動いて」いる人は大勢いるが、「ビジネスマン」的に、即ち、ニンベンがついて「働いて」いる人はどれだけいるのだろう。

バブル絶頂期などでは、「日本人は働きすぎ」とよく言われたものだ。メーカーのベルトコンベアやロボットを使うところは生産性が世界トップレベルなのだろうが、ホワイトカラー族の技術力や効率性は、世界でも低い方ではないだろうか。最近では、サラリーマンどころか、中国や韓国の小学生が、「ハーバード大学を目指したい」などとテレビのインタビューで答えているのを聞いたり、インドの子供の算数の強さを知ると、もう十年も先には、世界における日本の生産効率や知的レベルは、相当ランクダウンしているような気がしてならない。

「考え」と「考え方」

「考え」と「考え方」は違う。「考え」を生み出すもの、「考え」を基本的な部分で支えているものが、「考え方」である。

会議などで意見が大きく違ってもめたりするのは、お互いの「考え」がぶつかりあうというのではなく、本当は両者の「考え方」が異なっているからなのだ。だから、こういう時はそれぞれの「考え」を変えてしまったり改めるというのではなく、お互いの「考え方」をもっともっと出し合って「共通点」を見つけ出すことが、ケンカにならない方法なのだろう。

魅力的な人というのは、面白い「考え」を持っている人をさすのではなく、面白い「考え方」の出来る人のことを言うのである。

「考え」は人真似が出来るし、いつでも変えられる。そうではなしに、自分独自のライフスタイル（「生き方」や「考え方」）を確立させることが大事なのであろう。

「稽古」と「練習」

大相撲で、横綱に昇進した時のインタビューに対しての答えで、「横綱の地位をはずかしめることのないよう、日々稽古に精進します」というような言葉をよく耳にする。最近の日本人が忘れてしまっているような言葉だが、この「稽古」と「練習」は違う。「練習」というのは、繰り返し繰り返し習い覚えることである。これに対して「稽古」の方は、字の通り、「古《いにしえ》を稽《かんが》える」こと、即ち、昔からの伝統や文化、シキタリを身につけ、自身の頭、心、身体で学び習うことなのである。

この「稽古」や「精進」という言葉を今でもよく使うのは、大相撲の他には、タカラヅカ歌劇の生徒や歌舞伎など役者の世界ぐらいになってしまった。

「時」と「時間」

「人」と「人間」とは違う。言葉どおり、「人間」というのは社会のなかでの「人」と「人」との関係であり、その「間《あいだ》」には、それぞれの関係における微妙な「距離」がある。

同様に、「時」と「時間」もニュアンスが違う。「時」はその「時々」であり、ごく短い「時の距離」と言える。これに対して「時間」というのは、「ある時と、距離が大きく離れた時との間」なのだろう。「時の流れに身をまかせ」という歌詞があるように、「時の流れ」が「時間」的距離なのだ。この「時間」即ち「時の流れ」が、人の心や考え方を大きく変えてしまうことがある。時間だけではなく、それぞれが住む位置までの「相手との距離」もまた、人の気持ちや考え方を変えてしまうのも言うまでもない。

「おけ」と「たる」

秋岡芳夫さんという工業デザイナーが書いておられたのだが、「おけ」と「たる」は違うモノだそうだ。漢字で書けば、桶と樽になる。昔なら、普通どこの家庭でも使っていた「たらい」や「おひつ」「ふろおけ」などが桶であり、白菜などを漬けていたのが漬け物樽だという。もう少し続けると、漢字も違うように、桶と樽は作りがはっきりと違うそうだ。杉やサワラを柾目に割った板を組んだものが桶で、板目に割った板で作ったのを樽と呼ぶらしい。この理由も書いてある。板目の板で作った樽はほとんど水分を吸わないから、酒、味噌、醤油などを入れて運ぶのに最適として用いられる。一方で、柾目の板で作った桶はうまく水分を吸ってくれるから、おひつなどに使われたのだという。これも古来の日本人の知恵なのだろうか。

ふたつの汗

これは、バイオリニストの諏訪内晶子さんの話。

彼女は、バイオリンの他に、水泳、テニスにフィットネス、時々はスキーにまでチャレンジしているという。なかでも、水泳にかけては筋金入りで、クロール、平泳ぎ、などで何回もターンし、気がついたら一キロ以上になっていることもあるそうだ。

そして、彼女は言う。

「毎日でも体を動かして、いい汗を流すのが気分転換です。舞台では冷や汗ばかりですから」

丸五年にわたった米国滞在中も、よく弾き、（コロンビア大学で政治学を）よく学び、よく泳いだそうだ。演奏を支える体力と精神力を水泳によっても育んだのかもしれない。

「しめて」と「とめて」

次は、川柳の時実新子さんが、以前エッセイで書いておられたものからの引用である。男性から「抱き『しめて』あげたいような人」と言われると、とても嬉しい。張っていた気がガクンと折れていっぺんに女らしくなれる。同じような言葉を女性も言ってくださるが、よく耳を澄ませていると、一字だけ違う。「抱き『とめて』あげたいような人」と言われて戸惑う。川柳のなかでの一字違いは大きく意味を違えるが、こんなことは日常生活のなかでもあるのだなあと気がつく。

そうか、男性も私が可憐だからではなく、危なっかしいからか、ともう一度納得し、がっかりする。

というようなことを書いておられた。日常普通に使っている言葉のなかにも、こういう「一字違い」というのは結構多いのかもしれない。「言葉使い」は、要注意だ。

「シーツ」と「掛布」

ある新聞社のタイガースファンの部長が甲子園球場へ阪神の試合を見に行った時の話。その部長の二列ぐらい後ろで、熱狂的なタイガースファンの男が大声でずっとヤジを飛ばしていた。それまでせっかくのチャンスがシーツに回ってきたのにすべて凡打で倒れていたのについに我慢が出来なくなり、シーツが打席に入るや、更に大きな声で「こらあ、シーツ言うたら掛布やろ。もっと頑張らんかい！」とヤジを飛ばしたら大受けの拍手喝采で観客席はどっと沸いた。と思っていたら、その男の斜め後ろに座っていたおばさんが、男の背中をコツコツとたたき、こう言ったそうだ。

「ちょっと、おっちゃん、シーツ言うたら敷布のことやでえ」

このシーンを現場にいて仕入れてきた部長は翌日からこのネタを誰かれとなくしゃべりまくると大受けなのに気をよくして、いまやその数、何十人にもなっているらしい。

「幽霊」と「お化け」

新聞や雑誌によくエッセイを書かれているひろさちやさんによると、幽霊とお化けの違いは次のようになる。

幽霊は人について出て、お化けは場所に出ると言われている。Aさんの幽霊はAさんだけに見えるから、どこに旅行しようと、彼について出てくる。Bさんには見えないのである。これに対して、お化けは場所に出る。昔のような古井戸や暗がりの大きな木の下など気味の悪い場所がお化けをつくり出す。

いずれにしても、人が幽霊やお化けをつくり出しているのだ。だから、強い心の人には両方とも出てこない。というわけだ。

WHISKYとWHISKEY

三十代の頃だったか、あるバーでバーボンのロックを飲んだ時、カウンターの前に置かれたボトルのラベルに、WHISKEYと表示されているのに気付き、「あれ、ウイスキーって、こんなつづりだったかなあ」と疑問に思い、あとで調べてみたことがある。米国とアイルランドではWHISKEY、英国ではWHISKYのつづりが好まれており、米国産でもスコッチは、WHISKYとつづるのが普通になっているとのこと。

これは、その後いろんな仲間と酒を飲んだ時の絶好の話題として使うと、周りに感心され、喜ばれ、重宝させてもらったネタのひとつとなった。しかし、二十年前ならともかく、今ではほとんどの酒飲みが知るところとなり、このネタもダサクなり、もう使えなくなってしまった。

面白きこと、「多き」と「絶えぬ」

何年か前のNHK大河ドラマで、「北条時宗」をやっていた。蒙古襲来などのメインテーマとは別に、当時、日本全国のなかで博多の街だけが突出して賑わい栄えていたことが紹介されていた。

それによると、博多の商人たちは、ポルトガルやオランダからはもとより、高麗などアジア、なかでも敵国であったはずの蒙古からまでも、珍しい品々を次々と輸入し販売していた。北条時宗の兄である時輔がこれに気付き、ある時、博多商人のリーダー格であった謝國明という男に、「何故、博多の街だけがこんなに栄えているのか」と質問するシーンがあった。その時の謝國明の答えは次のようなものだった。

「面白きこと絶えぬところに人は集まる」

この言葉は全くその通りであって、数百年経った現在の街づくりにでも通用するものである。そして、この言葉のなかでも注目すべき点は、「面白きこと多き」とは言わず、「面白きこと絶えぬところ」と言っている部分だ。

いつの時代も、顧客の目は厳しく移ろいやすいものであり、常に新しい集客要素を打ち出し続けていかなければ、すぐに飽きられてしまう。近年の商業施設やテーマパークの不振、閉業などを見ていると、「商業やサービスの基本」というのは、いつの時代でも変わらないものだなと改めて痛感したものだ。

「好感度」と「幸感度」

明石家さんまが以前はトップだった好感度人間アンケートなんてのが、今でも定期的に行われているようだ。

バブル期には、「三高」と言われ、背が高かったり収入が高い男がモテはやされた。しかし、このように「高い」だらけで、鼻まで高くなりツンツンしているのが、いつまでも人気が続くわけはない。成績や収入は中ぐらいでも、やはり気持ちの良い人がいいのは当然である。そんなことで、バブル崩壊後は、同じ「こう」でも、「高」から「好」に移ってしまった。

世間はここまでだが、私は、「好感度」のもうひとつ上に、その人がそこにいるだけで周りが何となくほんわかと幸せな気分になってくるという「幸感度人間」を望みたい。事実、このフレーズは結婚披露宴でのスピーチで何度か使ったが結構受けたものだ。

赤い「糸」と「ゴムヒモ」

前項で結婚披露宴でのスピーチについて触れたので、もうひとつ、似たようなものを。

結婚披露宴でのスピーチや司会者のことばのなかに、必ずと言っていいぐらい一度は登場するのが、「おふたりは赤い糸で結ばれていたのです」という言葉。

私は、結婚するまでは、「赤い糸」で結ばれていたというのはいいとして、結婚してからの二人というのは、張りつめたらプツンと切れてしまう赤い「糸」ではなしに、お互いの気持ちや時間の上で自由なゆとりを認め合う、いわば、もっともっと伸縮自在の「赤いゴムヒモ」のようなもので結ばれている夫婦になっていけばいいのではないかと思っている。

「一生」と「一所」

日常会話のなかでは、何かの目的に向かって進む時に、「一生懸命」に頑張るという言葉がよく使われるが、これは「一所懸命」から転じたものである。

農耕民族であった日本人には、昔から「一所懸命」の精神が受け継がれている。これは鎌倉幕府出現以来のことである。

「一所懸命」というのは、自分の「所」有地に「命」を「懸」けて所有権を守り通すことを意味する。鎌倉幕府が土地所有の権利を認めたことで一挙に具体化したわけだが、そういうことでは、この幕府は農民を支持した政権であったと言える。「一所懸命」にやれば水田の生産量は目に見えて上がっていく。人は必ず成果が上がると分かっていると実に勤勉になる。水田というのは、手をかければかけるほど地味が肥え、生産量が増大し品質も向上していく。「一所懸命」である以上、小規模労働集約化をめざすことになる。というわけだが、この説明なら誰でも納得できる。

「一生」なんて出来そうもないことを宣言するのではなしに、ひとつの家庭や職場が対象なら、「一所懸命」の方が言葉どおり、やり甲斐が出てきそうである。

「半分」の片割れは？

「面白半分」とか「遊び半分」という言葉も、何の気なしによく使っている。言葉どおりに考えると半分が「面白気分」や「遊び」なのであるから、残りの半分というのはそうではないものであり、この場合は「真面目」とか「現実的な気分、感覚」ということになるのだろう。が、本音はどちらの半分を優先しているのかは、その時々のケースで異なって来るのかも知れない。

「半分」のことを考えているうちに、「面白い」ことに気付いた。

親子の絆、夫婦の絆などと、非常に強いつながりを表す際に、「絆」という言葉が用いられるが、この字のツクリが何故「全」でなくて「半」なのだろうと気になってきた。前項で、夫婦というのは動きのとれないぐらいしっかりと結ばれた赤い「糸」ではなくて、もっと伸び縮みのある「ゴムヒモ」のような関係がいいと書いたが、案外親子や夫婦間の「絆」というのも、「半分」ぐらいつながっているのが丁度いいのだと、先人は私たちに教えてくれているのかもしれない。

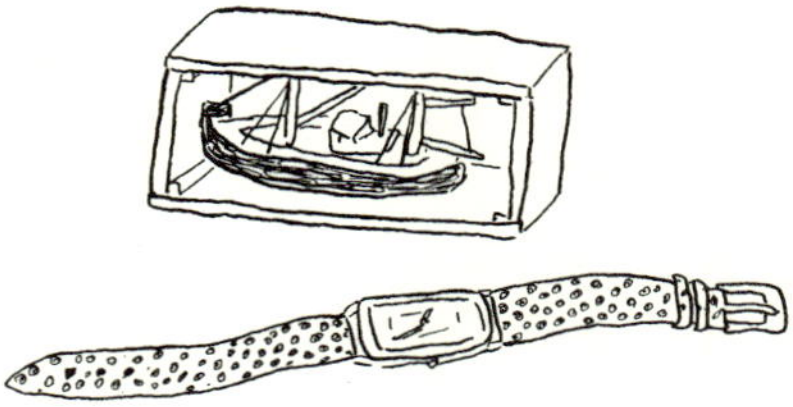

4章　読後感想文を書く習慣をつける

本を読んだり人の話を聞いたりしてよく理解出来ない時、ふつう「分からない」という言葉で表現する。

なぜ「分からない」かというと、その言葉どおり「分けないから、分からない」のだ。

つまり、理解できるようにするには、即ち、「分かる」ようにするためにはどうすればいいかというと、これは逆に考えればいいわけで「分けたら分かる」ということになる。

この「分けたら分かる」が、物事すべてのベースになる「整理・分類」である。

では、本を例にとって「分ける」を考えてみよう。書店での分け方を見てみると、日本文学と海外ものとに分けたり、内容によりジャンル別にしたり、作家や出版元別に分類されたりしているが、これらは概して書店側からみた並べ方の分類であり、また同時に購入者にとっても選びやすい分類と言える。

しかし、読者側からみると、ちょっと違った切り口での「本の分類」も考えられる。

私の場合非常に単純かつ素朴な「読む本」の分類として無意識のうちにやっているのは次の五つである。
(一) ぜひ読みたいと思っている本
(二) 仕事柄どうしても読まなければならない本
(三) 時代の潮流や世の中の傾向を知っておくために必要で読む本
(四) カネを出して買うほどでもないが、誰かが貸してくれたり、図書館で借りてなら読んでもいいなと思う本
(五) すぐには読まなくても、絶対に手元から離すことなく、もちろん他人にも貸さず、そのうち時間をかけてじっくり読もうと思っている本

年を重ねるごとに世の中の流行に疎くなってくるのは仕方がないことかも知れないが、「橙夏や黄秋」の時代になってそれを防ぐひとつの方法として、「読後感想文を書く」というのがあることに気付いた。

そうなってくると、前述の分類では(三)ということになり、感想文完成後の話のネタとしての活用を考えると、(四)や(五)のように悠長に構えていられないということになってくる。

では、この三・四年の間に実際に書いてみたものを三つ、次にご披露しよう。まず最初

の「功名が辻」はテレビ放映の前年に書いたものだ。

夫を出世させる方法——『功名が辻』を読んで

ＮＨＫの次の日曜大河ドラマが、山内一豊とその妻千代さんの話だと聞き、改めて司馬遼太郎の『功名が辻』を読み直してみた。

千代は新郎の伊右衛門（一豊）に対して、結婚当初から「そなたはきっと一国一城のおんあるじになられませ。私がお力添えを致します」と言っていた。

それは、千代の期待や予告というよりも、ちょっと頼りない夫に対して「その気にさせる」暗示をかけたのである。

何とも見事な亭主操縦法であるが、千代はその後、一豊が土佐一国を与えられるまでずっと変わることなく、すぐに落ち込んだりぼやいたりする夫を言葉巧みにおだて励ましながら、常に的確なアドバイスをし続け、決して自分が前に出すぎることなく、一豊自身が最終決断を下せるようにし向けていった。

そして、結果的にはその都度、夫の言動が信長や秀吉に受け入れられ、時を経るごとに出世の階段を上りつめていったのである。

米国のミュージカルなどでよく見られる自分自身の「サクセスストーリー」とはまた趣が違う、「夫を大出世させる方法」とでもいうべきこの「サクセス物語」は、現代の私たちが企業経営を行っていく上で参考になるところも多く見られる。

ここでは、そのなかから二つのエピソードを取り上げてみた。

千代の物詣

千代は町人風の質素な着物を着て、よく京の街を歩きまわった。唐物の端切れを次から次へと探しまわって買い付け、それを現代でいうパッチワーク仕立てにしたオリジナル小袖を縫い上げていった。そして、街で見つけた、それが似合いそうな知的で美しい若い女性にプレゼントをし続けたのだが、これが、次第に京の街中の噂になり、やがては秀吉や北の政所に伝わるのを巧みに計算していたのである。

しかし、千代が京の街をお忍びで歩きまわっていた本来の目的は、単に小袖のプレゼントだけではなかった。世の中の動きや変化、京の街の活気を、現場に入り込むことにより自らの目と耳で感じ取り、情報収集をしていたのである。千代は、こういった街歩きのことを「物詣《ものもうで》」と称していた。

京の町人や農民など庶民の日常生活のなかから「ちょっとした変化＝異常な部分」を見つけ出そうとしていたのである。それらを一豊への手紙に詳しくしたため、何年かに一度戦場から戻ってくる一豊に、いわばレポートさながらの情報分析的報告をしていたのだ。

千代の「物詣」とは現代でいう、まさに「タウンウオッチング」だと言える。

いつの時代でも、上の立場になるほど正しい情報が入ってきにくくなる。

限られた部下からの報告だけを判断材料とするのではなく、またデスクワークだけで考えてしまうのではなく、こうやって現場に出向く回数を増やし、実際に現場で働く者たちの真実の生の声を自ら吸収していくという心構えが、昔も今も肝要というわけだ。

本来なら企業の部門長であるはずの一豊がなすべきことを千代が代行していたということになる。

その気にさせる＝やる気を起こさせる

伊右衛門はついに土佐一国を賜ることになり一領具足と呼ばれる原住民的無謀な集団を押さえ込みながら高知城を築くことになる。伊右衛門はこの暴力的反抗勢力を押さえ込む苦労を思い起こしながらまた千代にぼやく。

「そなたとの夢がついにまこととなった。そなたのおかげかも知れぬ。しかし、まだ山坂がある」

これに対して、千代はこう答える。

「まだ山坂があるということほど、人の世にめでたきことはございませぬ。気根を奮い立たせねばならぬ相手があって始めて人はいきいきと生きられるのですから」

伊右衛門は、ここまで上りつめてきた長い道程を懐かしそうに振り返って、こう言う。「まあそうだ。しかし、振り返ってみると、おれもずいぶん長い坂を上ってきたものだなあ」。ひどくふけこんだ声を出してこう言った伊右衛門に対して、千代は、「過ぎてきた坂など振り返って見下ろさなくてもよろしゅうございます。お年寄りくさくて、千代はいやでございます」。ビシッと決めながら、更に続けて千代は決定打をぶちまける。「お城も、ふけたお心でおつくりあそばすと陰気でちぢかんだようなお城が出来ると思います。うんと若やいだお城をつくってごらんあそばせ」

一国一城の主になってまで気迫と根性と競争心に欠けている夫を、千代は見事に操縦し続けたのである。

しっかりと現場の状況を自らの目と耳で感じ取っていく一方で、常に上昇志向＝向上心を抱きつづけること、そして、そのことを成し遂げるには常に新鮮で元気あふれる「若い心」が必要だということなのだろう。

これは現代の企業経営にもそのまま通じるものではないか。もっとも、ひと一人ではなかなか大きな事業は成し遂げられない。千代さんのような何人かの優れた部下に恵まれ、そして彼らの意見を素直に聞く耳を持つことが大事なのではないだろうか。

次は、大ベストセラーになり全国的流行語にもなって、今なお普通名詞のように使われている「負け犬」の感想文である。出版された途端、社会問題になるほど大きな反響があったので、これは放っておけないとすぐに読んでみた。

負け犬の「大」吠え――『負け犬の遠吠え』を読んで

■マーケティング論の観点から読んでみる

「商売」のベースになるのは「三つのM」だと言われている。即ち、Marketing、Merchandising、Managementの「三つのイニシャルM」である。このなかで一番大事な基本となるのは、やはりマーケティングだ。

マーケティングというのは、時代の大きな潮流、世の中の一時的な流行、消費者動向などを調査・分析して、マーチャンダイジング（商品仕入れ、シーズン展開の見せ方、売り方など）につなげていくベースになるからである。

サカジュンこと酒井順子さんの『負け犬の遠吠え』を読んでまず感じたのは、これは、彼女なりに今の日本の時代のひとつの大きな傾向に焦点を当てて分析し、整理・分類した立派な「マーケティング論」だということである。

今の時代において、この「負け犬」グループというのは、堺屋太一氏が名付け親である「団塊の世代」に匹敵する、そして市場動向を大きく左右する一大グループになってきているのではないか。

「人生、楽しまなくっちゃ意味ないっしょー」という生き方・ポリシーを持つ彼女たちは、ファッションを中心としたモノ消費、情報＆サービス消費、旅行と、どの分野においても今やメインターゲットとなるぐらいの大きな勢いを持ってきた人たちである。

団塊の世代が二〇一〇年になるとすべて定年退職で会社から消え去ってしまうのに対し、この「負け犬」グループは、次から次へと予備軍とOGたちが増え続け、ますます強力なマーケットリーダーになっていくだろう。

この本は、そんな酒井順子的マーケティング論だと思いながら読み進めていくと、面白さも倍増してくるのではないか。

■若さゆえの「得」が減り「自分の時間」は増えていく

サカジュンさんは、分析する。

「三十過ぎて独身の女性の多くは真面目で知的な人たちです。妥協や打算で結婚などせず、仕事でもある程度優秀であるからこそ、彼女たちはその年齢まで独身を張ってくることが出来た」と。

彼女たちには特有のアディクション（依存症）があり、そのひとつとして、日本の伝統文化など和風ものへの関心が高まり、歌舞伎や文楽を観たり平安文学も読み始めたりする傾向が出てきているという。ほかにも、手芸アディクションやローカル線を乗り継いでの鉄道旅行アディクションなども見られるらしい。

そして、それらのベースになっているのはどうやら「時間に対する観念」から来ているようである。結婚生活における子育てやご主人の食事やアイロンがけ諸々の世話、日々の買物、近隣との面倒なつきあいなどに明け暮れ、精神的疲労がたまる「勝ち犬」グループとは違い、「負け犬」たちには「自分のことだけを考える時間」が、老人たちと同じぐらいたっぷりとある。だから、彼女たちは日々の生活に追われ続けている「勝ち犬」たちが五十代になって始めて経験するようなことまで分かってしまうのである。

例えば、「最近、松の美しさが分かるようになってきた」とふと思ったりするのも、彼女たちの特徴なのだ。

しかし、一方で、「負け犬」組は「若さによって得られる『得』の量が減ってきた時代でもあり、自分が『年下』という立場でいられることが少なくなってきた」と実感することが多くなる時代でもあるのだ。

■「オスの負け犬」が悪いのよ

「負け犬」には、男に対しての見方、考え方にも大きな特徴が見られる。「もう、どうでもいいセックスなんて、しないの。一生愛し続けることが出来る人とだけする！」と酒井さんが宣言するのを聞いていると、昔ながらの青春小説の主人公のような清純さとも思えるが、これは、遊び人の男が枯れてきた時に「最後の女」を求めるのと同様、「負け犬」もまた同じように、「最後の男」を求めているから、なのだそうだ。

「結婚生活にセックスさえ伴わなければ、私はいくらでも結婚するのに」という人までおり、精神性の勝った恋愛相手を求めていると彼女は分析しているのだが、ここまで言い切るのは、「負け犬」グループの総意というより、既に作家という盤石の地位を得ている酒井順子個人の考えと見た方が正しいのではないか。

「負け犬」グループの一員とは言え、今の酒井順子さんにとっては同居人である「夫」という名の「男」は必ずしも必要ではなく、自分の仕事の邪魔をせず、自分が話したい時だけ相手をしてくれる「パートナー」が欲しいというのが、彼女の本音なのではないか。

更に、サカジュンさんの自己中心説によると、「セックスしたい！」「結婚したい！」「子供が欲しい！」という欲求を今を生きる男たちがあまり持っていないから「負け犬」が大量発生するというのだが、これも、「オスの負け犬」だけに一方的にその原因を押しつけているようで、ちとズルイ。これでは、「自立した女」の意見とも思えない。

■「余時、余金、余力」がある

酒井順子さんは、「狭義には、未婚、子なし、三十代の女性」を「負け犬」と称すると定義している。

この本を読み終えて、改めて考えてみた。

彼女自身が、前記の条件を満たしているグループの代表的存在であるので、恥も外聞も捨てて自ら「負け犬」と名付けたのだが、彼女は本気で先に望みのない「人生の負け犬」だと暗く落ち込み、思い悩んでいるとは思えない。本人も言っているように、この「負け犬」グループは「勝ち犬」と分類される三十代の子育て主婦と比べて、自分の思い通りに使える時間とカネとパワー、行動力というものを十二分に持っているではないか。

こうやって見方を変えると、このグループは、「勝ち犬」の主婦や団塊の世代からさえも羨まれるぐらいの「余トキ、余カネ、余チカラ」を持った、自立した人たちであると言える。

少なくとも、サカジュンさんだけは確実に違う。いわば彼女は、「負け組」のなかでのダンゼン「勝ち組」のひとりである。何故なら、マーケティング的観点から「負け犬」と称するグループを生み出し、この（マーケットとしてすごく大きい読者層めがけて）ベストセラー本でおおいに稼ぎまくり、ますます「余時、余金、余力」を増やしながら人生を昇りつめて行っているのだから。

とは言っても、「なあんだ、それじゃサカジュンさんだけが『負け犬』脱出組なんだ」と、その他大勢の人たちは思い悩まないことだ。彼女は、自分が先頭に立って、本当はこの本を通じて「負け犬」たちに力強いエールを送っているのだと思う。

■単に、「女」としてより「人間としての幸せ」の方が大事であり、人にはそれぞれの「旬」がある。

『負け犬の遠吠え』の一三八頁を見て頂くといい。

ある西洋人が、こう言ったと書いてある。

「日本人の女性は、少女から『女』にならず『お母さん』になってしまう」と。

それに対してのサカジュンさんのセリフはこうである。

「『負け犬』は、少女から『女』にならず『老女』になってしまう」という極端なものだが、いくら何でもこれではひどすぎる。あまりにも自分たちを卑下しすぎているのではないか。


本当はそうではなく、「少女から一気にお母さんになってしまう」平均的、従来型の日本の主婦である「勝ち犬」たちとは異なり、「負け犬」と言われる人たちこそが、自立した素晴らしい「大人の女」になれる可能性を十二分に秘めているのではないか。

現に、サカジュンさんはまず「イチ、抜けた」と、ひとりほくそ笑んでいるのだろう。

要するに、いくら「負け犬」グループと言われようと自分だけはそのなかの「勝ち組」を目指せばいいわけだ。

夫と子供に囲まれての慌ただしい日々を送り、それこそが「女の幸せ」と思いこんでいる「勝ち組」から「負け犬の遠吠え」なんて蔑まされて落ち込むことはない。

三十から四十代半ばという、人生の何分の一かの時期だけで見て「勝ち犬」と言われている人たちも、子供が独立してしまい、夫や自分の親の介護に明け暮れる五十代以降の生活を想像してみると、今でこそ「負け犬」に属するグループの「遠吠え」を聞いて安心しているだけで、本当は彼女たちは、「負け犬グループのなかの勝ち組の堂々とした大声」を目の前で聞く勇気さえも持ち合わせていないのではないか。

同著二四七頁からの「負け犬にならないための十箇条」と、それに続く二六三頁からの「負け犬になってしまってからの十箇条」については、もうここまで来ると、冒頭に述べたマーケティング論とは大きくかけ離れた、女性誌ウケを狙う内容であり、これはもう余計なツケタシ、おせっかいである。こんなにまでからかうことはない。

そして、少しは気になったのか、ご本人も反省しておられる。

「おわりに」というあとがきのところで、彼女はこう述懐している。

「ここまで『負け犬』という単語を連呼してみると、勝ち犬だの負け犬だのということが、ほとほとどうでもいいことのように思えてくるのです」と。

これが彼女の反省であり本音なのかも知れないが、私が思うに、「女としての幸せ」と「ひとりの人間としての幸せ」は大きく違うし、三十、四十代という人生のある時期（中国でいう朱夏の時代）だけを取り上げて、勝ち負けだけで「女の一生」を決めつけてしまうことに無理があるのではないか。

仕事や自分の時間を大事にして目いっぱいに過ごしながら、四十過ぎや五十歳になってからの結婚でもいいじゃないか。

人それぞれに生き方があるのだし、人それぞれに「旬」の時期は異なるのだから。

続いて、読後感想文をもうひとつ。

時代の空気を読む——『近江商人魂』を読んで

琵琶湖周辺を散策したのを機に、童門冬二氏の『近江商人魂』を読み直してみて、あの織田信長の、商人から積極的に学び取ろうとする、「もうひとつの面」を改めて知った。

今風に言えば、それまでのほとんどの国が規制、規制でがんじがらめに庶民や他国の商人たちの自由を奪っていたのに対し、信長は早くから他国の商人たちに、どこの国から来ようと土地を与え自由に物を売らせ、しかも税も取らないという「楽市楽座」の制度を採用していた。

信長は、小さい頃からその才能を認めていた鶴千代（当時は人質にとられていた。後の蒲生氏郷）に対して自分の考えを披露する。

「おい、鶴千代。これからはな、商人を馬鹿にしては大名は生きていけないぞ。が、また同時に商人になめられても駄目だ。この辺の兼ね合いが難しい。

鶴千代、世の中にはな、必ず時代の空気というものがある。ここに漂っている目に見えないものだ。この空気が、いま日本中に漂い始めている。そして、その空気というのは必ず民が創り出している。が、民の多くは字も読めず書けないから、自分の思うことを思うように言えない。

しかし、おれは感じ取れる。民がいま何を求めているかをな。それが時代の空気だ。その空気を読み取れないような奴は天下をとれない。

いいか、おまえも常に時代の空気を感じ取れるように生きろ」

自分の城の「天守閣」を、近い将来の自分になぞらえて「天主閣」と呼ばせていた信長は、また鶴千代にこうも言う。

「いいか、よくおまえに岐阜の商人の話をするが、商人の生き方にはおれたち大名が学ぶことが沢山あるのだ。商人は決して名目など大事にしない。大事にするのは信用と、そしていい品物を売るということだ。名目にこだわると、今度は大きな家が欲しくなったり多くの家臣が欲しくなったりする。

そして、考えがだんだん固くなり、しがみつきの根性が育ってくる。一旦しがみつきの根性が育つと、もう新しいことを始めたり今持っているものを壊したり取り替えたりするのが嫌になる。

それは人間の退歩の始まりだ。おれは絶対にあとには退けん。前に進むだけだ。そして一旦前へ進んだ地点は絶対に死守する。

これも商人から学んだことだ」

鶴千代が蒲生氏郷になってからも、彼は信長の言葉どおりに実行していくのだが、「信長が目をつけるのは、常に物の流れであり、また物を流す道だ。信長の戦略は、常に物と道路に目をすえている。それほど彼は商業活動に注目している。もっとはっきり言えば、信長は人間より物の流れの方を重く見ていたのかもしれない」と、時々思い起こすのだった。

その後も蒲生氏郷は、教えを受けた信長のやり方を見習って、「自分は部下の才を見出し、自分の能力を錬磨し、武人としての力を信じ、信長様が教えてくれた時代の空気と民の力と商いの力を新しい時代に向けて開いていくことを自分に課して生きてきた。民を栄えさせることで、領国を富ませる」という信念を終始貫き通してきた。

童門氏独特の、読みやすい、感銘を受けやすい内容・文章になっている。これが全くの真実であるとすれば、信長という男は国盗り合戦の巧さだけではなく、また人生後半の短気な性格だけではなく、時代の空気を読み取る先見の明があると同時に自らもそれを次々と具体化・実行に移していったのだろう。とくに、「士農工商」と言われてきた社会的序列の域をはみ出した商人保護、商売優先の世を創設していったと言える。戦国の武将でありながら、天下の運営、城や町づくりにこれだけ徹底した商人優遇政策を打ち出した人は珍しいだろう。

「商人の魂」を理解したり、商売の基本精神というのは、いつの時代においても決して変わることはない。現代の企業や政治家が不祥事を起こしたり、名門と言われてきた食品メーカーが品質表示などで偽装工作を続発させているのは、「国民や顧客のため」という根本的な精神を忘れてしまっているからだろう。

前述のように、信長はこの時代から既に、物の流れやアクセスである道路に目をつけている。どんなに世の中が進化していっても、このふたつだけは絶対になくならないものであり、このヒト、モノなどを「運ぶ」産業というのは経済のインフラであり不可欠なものである。

二十一世紀に入った日本では、ＩＴ産業のますますの発展とともに、金融サービス業の世界的拡大が見込まれ、そして、ヒト、モノ、カネ、情報の流れに伴うビジネスがこれまで以上に注目されていくだろう。

私は長年百貨店商売に携わってきたが、今ごろになって、ひとつのことに気がついた。江戸時代から続いた越後屋など呉服店が明治に入って取り扱い品目を徐々に増やしていき、いわゆる欧米型の「百貨店」に発展していったのだが、「デパートメントストア」を「百貨店」と訳した先人は、我々が取り扱う「百貨」というのは「モノの貨」だけではなく、「貨幣の貨」でもあり、日常のカネの流れの中で、カネがカネを生む新しいビジネスがまだまだあることを、後の時代の私たちに示唆してくれていたのかもしれない。

また、二〇〇七年には、日本の首相が、若者たちに「KY」となじられていたが、いずれにしても、童門冬二氏の『近江商人魂』を通じて、信長の「時代の空気を読む」大切さを私は教えてもらったことになる。

読書の醍醐味であるといえる。

5章　旅先やタウンウオッチングで感じる

「興味津々」という言葉があるが、やはり何事にも関心、興味を示し、そこから新しい知識や感動やサプライズを得ることが大事である。当然のことだが、それには、じっと家のなかに座っていて、テレビを見たり、新聞や本を読んでいるだけでは、その時々の生の新鮮な情報は得られない。

ごくごくありふれた日常の出来事なのかも知れないが、私にとっては初めてみる風景、というお話をひとつ。

先日、大阪の北加賀屋の街を歩いていたら、向こうから七十代半ばと思われる男性が自転車に乗り、ゆるりゆるりとこちらにやって来た。その横を紺のユニフォームを着た若い女性が連れ添っている。その女性が、男性に対して、「いかがですか、乗り心地は……」と聞いているので、思わず立ち止まって見つめたら、自転車の前についている買物かごのなかの白い紙が見えた。そこには、マジックで、「中古自転車六千三百円」と書かれていた。要するに、この男性は、中古自転車を購入するのに、試乗しているのだと気づいた。中古自転車に試乗があるというのを、この年になって、私は初めて知ったのだ。

大きな新発見から、こんな些細な発見まで、タウンウオッチングすると、これまで経験したことのない多種多様な出会いや楽しみがあるものだが、これも、年を重ねていき、七十代にもなると、きっといろんなものを見聞きしての感動すら徐々に薄れていくようになってしまうのだろう。

ここでは、これまで行った旅先で、また街のなかで実際に見聞き経験したことのなかからのいくつかを紹介してみよう。

あるタクシードライバーの約束

もう十年以上も前のことだ。

旅先の博多でタクシーに乗り、行き先を告げてしばらくしたら、運転手さんがミラーを覗きながら話しかけてきた。

「私はあと二年で定年なんですよ」

これまで大変苦労してこられたのか、五十八歳にしてはもう少し年をとって見えたその運転手さんは、続けて話す。

「私は就職して最初の二年間バスの運転士をやっただけで、あとの三十八年間はずっとタクシーに乗っていました。その間、おかげさまで無事故でしてね。そんなことで、私は定年になったら、長い間面倒を見てくれたタクシー会社と世間様に何かご恩返しをしたいなと思い続けてきました」

「はあ、それでどんな事をされるのか、もう決めておられるんですか」と私は聞く。

「はい、横断歩道を毎日渡る小学生たちの旗振り誘導のボランティアをやりたいと思っています」

私は、彼からの全く予想もしていなかった答えに驚き、思わず口に出して言ってしまった。

「えっ、あの旗振りおばさんの、あれですか」

「そうです。あの人たちは日々交代の当番制でやっているようですが、ほら、あれを見てご覧なさいよ。腰がひけてるし、本気で車を止めようなんて思ってませんでしょ」

そう思って先の信号の方を見ると、なるほどおばさんは道路から五十センチ程下がって旗だけ恐る恐る前に突きだしている。

「実は三年程前にね。私はあの博多の交差点で、若い酔った男が児童の列に突っ込んできて二、三人跳ね飛ばしたのを見てしまったんですよ。悪く言う訳じゃないですが、あの旗振りは真剣じゃないですよ。自分はやらされているんだという感じで、身体を張ってまで車から児童を守ろうとしていません。私はタクシーの側から見ているからよくわかるんです。だから、私は定年後、運転する者の目で、あのボランティアをやりたいんです。毎日朝と午後とに、あの車の多い交差点でね。私は道路に出て、身体を張って車を止めますよ。中途半端な気持ちでは駄目ですから」

私もその時既に五十代だったのに、定年後の事なんかまだ何も決めてはいなかった。彼の心意気ある計画に感心すると同時に、サラリーマンとして己の生活中心にモノゴトを考えてきた自分が恥ずかしくなってきた。

その運転手さんは、こう付け加えた。

「私に出来る事と言ったら、そんな事ぐらいしかないんですよ。だけど、人の生命を預かる大変な仕事だと思いますし、私は一所懸命やるつもりです。私の体力ですと、六十歳から始めて、まだ十年は充分やれると思います」

無事にここまでやらせてもらった「世間様にお返しをする」のだという、その運転手さんの目はイキイキと輝いていた。

それから三年経った暮れのこと。

長崎に行く途中博多で一泊し、翌朝電車の出発時間までには戻れるだろうと、海の見える公園までタクシーで往復した。

そして、その帰り道、ほとんど忘れかけていたあの横断歩道で、突然「彼」の姿を目にしたのだ。

親鳥が翼を広げて雛をかばうように、あの元運転手さんは両手を大きく広げ、横断歩道をまるごと包み込むようにして、道路の真ん中で仁王立ちしていたのだ。

三年前、どこの誰かもわからない相手に対して、自ら宣言した言葉を、彼は間違いなく実行に移していた。

それは、私に対してというより、きっと彼自身への約束だったのだろう。


こういう思わぬ発見は、旅先ならではのものであり、デスクに向かっているだけでは決して得られるものではない。そういう意味でも、年を重ねていくほど面倒がることなく積極的にいろんな場に出向いていくべきだ。

では、次は、出かけた帰りの電車のなかで遭遇した出来事である。

近ごろの若いもンは……

例年のことながら、年の瀬も押し詰まってくると、夜十時過ぎの電車内は一種独特のムードに包まれている。

数年前の暮れ、クリスマスの少し前だったと思うが、私は「梅田」を十時半頃発神戸三宮行きの阪急電車に乗っていた。始発駅からだったので私は運良く席に座れたが、車内はほぼ満員の状態だった。忘年会など宴会帰りのサラリーマンが多いのだろう、どちらを向いても赤ら顔ばかりが目につく。

そのなかで、大声で語り合っている集団がいるので目をやると、私の席と反対側のドアの周辺に七、八人の大学生が、いかにもクラブ活動の忘年会帰りという格好で、目のふちや鼻の頭を真っ赤にして互いに肩を組みながらわめきあっている。阪急沿線にある大学の運動部の連中だろう。他の客も彼らの大声はうるさいが、シーズンでもあるので仕方がないかといった表情で夕刊紙などに目を通している。

私は読みかけていた文庫本を閉じ、何とはなしに彼らの方を見つめてみたら、日焼けした運動部員らのグループの前に、ほんの少し間隔をおいてひと組の若いカップルが、彼らの方を向いて立っているのに気がついた。女性の方が、スラリと背の高い男性の腕にしがみついていて、いかにも恋人同士というアツアツのムードである。

私は、大声をはりあげてはいるものの、若々しい健康的な学生諸君の目の前で、何もわざわざイチャつくこともなかろうと、半ば腹立ち紛れに、そのおふたりさんを見つめていた。しかし、カップルの男性の方が運動部のOBで、その日のコンパに特別参加したような感じなのである。それにしても、先輩なら先輩らしく、後輩たちの前でわざわざデレしして見せることもなかろうにと、ひとごとながら年寄りのおせっかいをやき、彼らを眺めていた。

発車して七、八分経った頃だったろうか、学生たちのひとりの顔色が次第に青ざめ、力なくドアにもたれかかり、両サイドの学生から「しっかりせえよ」と励まされているのが目に入った。もうこれは時間の問題だと私は思ったが、やはり予想通り彼は周囲の人たちが見守るなかで、たまらずゲボゲボとやってしまったのだ。ドア近辺に大きくまき散らされた悪臭漂う吐瀉物を目の前にし、仲間意識がほんの少し薄らいだものの、やはり連帯感から、みんなで交互に被害者?の背をさすり激励し始めた。

そうこうしているうちに、電車が駅のプラットホームに滑り込むなり、その若い集団は哀れな敗残兵をかかえ複雑な気持ちを残しながら、そしてあわてて例のOBさんに威勢良く挨拶をして騒々しく出て行ったのだ。

他の乗客も相当降りてしまった車内で、ゲロゲロを前にしたおふたりさんが、席に座っている人たちの視線を一身に浴びて立ちすくんでいる姿が、いやでも私の目に映る。

しかし、意外にも彼らの表情は、まるで失敗をやらかした子供たちを暖かく見つめる母親のように、すごく和らいでいた。まずは彼女の方が、しっかりとしがみついていた腕をほどき、やわら黒のバッグからティッシュペーパーを取り出すや、かがんで、ドアの前に広がっているゲロゲロを拭き集め始めたではないか。すると、それを見下ろしていた彼の方も、ズボンのポケットからハナカミを取り出して広げるや、一緒になって床の上を拭き始めたのだ。

私は、他の乗客と同様アッケにとられ、そのふたりの行動を眺めていた。きっと他の乗客も、それまでのふたりの人目はばからぬアツアツムードからは全く想像もつかなかった光景を見せつけられ、ポカンとしたまま彼らの心憎い動きから目を離すことが出来なかった。

そのふたりは、ありったけのティッシュを取り出し、悪臭漂う汚物をドアの片隅に集めたのだ。私は、「よくやってくれた」と安心と感激半々の気持ちで、これで一幕の終わりと目を離しかけたら、その人情芝居はまだ終わっていなかったのだ。何と、イチャイチャしていた彼女が、今度はハンカチを二枚取り出し、彼氏とふたりでビショビショに濡れてしまったティッシュに包まれたいくつかの汚物の束を、真新しいハンカチに取り込み、しかも、である。それらを自分のショッピングバッグに詰め込んだのである。

何と表現すればよいのか、私は、そのほほえましい光景を目のあたりにし、それまでは「後輩の前でぐらいシャンとしてればいいのに……」と、おっさんのいやらしさというか、嫉妬半分で軽蔑していた自分が情けなくなってきた。

年配者が現代の若者を捉える時によく用いる言葉に、「近頃の若いもンは……」というセリフがある。

私自身が既にそういう年代に入ってしまっているが、現代の学生や若者たちをある一面だけを見て偏見視するのは大きな誤りだと、この日私は痛感したものだ。何とも恥ずかしい気分でいっぱいだったが、それにしても、何かと暗い事件ばかり頻発する慌ただしい年の瀬に、心温まる一光景ではあった。

こんな経験は、広義でのタウンウオッチングで得られることだが、当然のことながら、ほのぼのとさせられる話ばかりではない。街を歩いていると、むしろ、不平、不満や疑問の湧いてくる方が多い。

次も実際に体験したことで、そのなかで初めて知り得た、ひとつの「疑問」でもある。

相手の立場から見ると

神戸ハーバーランドの海際の商業施設である「モザイク」の運営管理会社を担当していた時のことだ。

阪急神戸線西宮駅から三宮駅を超えて二つ目の高速神戸駅で下車し、そこから長い地下街を十五分ほど歩いて通勤していた。

ある朝、五、六分歩いたところで、前方に人だかりがしているのに気付いた。行ってみると、十人余の歩行者が、目の不自由な方専用の通路を遠巻きに取り囲んでいた。どうやら、この専用通路の反対側からもやって来た目の不自由な方同士がぶつかってしまったらしい。それに気付きながら、通行人は誰も声をかけてあげなかったからのようだった。

私は、この現実を見て初めて、両サイドに商店が並ぶこんな広い通路に何故黄色の専用通路が一本しか設けられていないのだろうかという疑念が湧いてきた。

弱者の立場に立っての福祉施設完備という市の担当者の思いとは逆に、現実的にはこういうケースは日常茶飯事として何度も起こって当然ということだ。

言葉では簡単に「相手の立場に立って考える」とはよく言うものの、本当にそれを確実に実行していくのは、なかなか難しいことだと痛感したものだ。


こうやって、旅先やタウンウオッチングでの思わぬ発見は、楽しくもあり勉強にもなることが多い。


これは、海外でも同じことで、というより、更に大きな「発見」に出くわすことがある。

ドイツのミュンヘンの市庁舎地階のレストランに入った時のことだ。

夕食をとろうとして、一緒に出張していた家具担当の課長さんと欧州駐在員の主任さんの三人で、そのレストランに入ったのだ。

注文をとりに来たボーイさんに、その主任さんが私たちの分も英語で頼んでくれた。

そして、しばらくしてナイフとフォークを持ってきた時、ボーイさんが黙って私たちのテーブルの真ん中に、何と日本のミニ国旗を立ててくれたのだ。これにはびっくりした。

何故なら、彼は、私たちにどこの国から来たのかなんて、ひと言も聞かなかったのだ。

どうして日本人とわかったのだろうかと不思議に思ったが、ひょっとしたら、私たち三人が話しているのを聞いていたからかもしれない。よく理解出来ないまま別のテーブルを見渡してみると、何と、スウェーデンやらイタリアやらカナダなど、いろんな国の国旗が各テーブルの中央に立てられているではないか。

それでやっと、この店は、世界から訪れる各国の人たちを自分たちの目と耳で巧みに見分け、黙って国旗を置いていくことによって歓迎の意を示すという、素晴らしい演出を考え出したんだと気付くに至った。こうなるとボーイさんも普通のサービス以外に、世界の人の顔つきや言語やらを覚えておかないといけないので大変だ。しかし、それにしても、さすが世界の観光地ならではの、他ではちょっとマネの出来ない高度な演出・サービスであった。

こんな風に、行った先々で見聞きしたことを、忘れぬうちに日記風にメモしておくと、いろんな分野での勉強にもなるし、後々の話のネタとしても使え、昔の友人たちと会う時間も楽しみになってくるだろう。

6章　仮説を立てて検証してみる

――明治三十三年の新聞に見る「もうひとつ前の世紀末」にっぽん事情

「世紀末は必ず同じような社会現象が見られる」と勝手に仮説を立て、宝塚市の図書館に「もうひとつ前の世紀末」に当たる千九百年、即ち、明治三十三年の新聞（『都新聞』復刻版）の貸し出しを申し込んでみた。それは、二ヶ月分が一冊になった、片手では持てないぐらいの大きさ、重さのものだった。当時の古びた記事がコピーされた見にくいものであり、しかも句読点のない読みづらい文章であったが、二週間借りては返しの繰り返しで苦労しながら書き写し続け、結局仕上げまでにほぼ二年も要してしまった。

しかし、当初の仮説どおり西暦二千年と千九百年の世紀末現象はびっくりするほど酷似していることを確信し、ホッとするとともに、苦労した甲斐があったと嬉しくなってきた。そんなことで、その成果をいくつかの項目ごとに括りまとめてみたものを、エッセイ風のレポート仕上げにしてみた。

その前に、二つの世紀末の総括、感想を。

明治三十三年七月七日付けの『都新聞』に次のような記事が出ている。

「肖像写真を郵便印紙大に製し、これを書簡または名刺等に糊付けして確実を表し、信用の証とするという一思考にて、芝区日影町の山本写真店が発明、製造して大変人気を呼んでいる」と。

これこそ、一九九〇年代後半のプリクラブームの、正に元祖ともいえるのではないか。

一年間を通じて、こういった、よく似た現象がいくつもあることに気付く。

項目ごとの詳細は後に記すとして、二十世紀末のバブル崩壊後の不景気、株式低迷と同じく、十九世紀末に当たる明治三十三年も株式市場への人気が薄れ、「眠れる株式市場」と呼ばれていたり、銀行の倒産が続出し、何と「貸し渋り」現象も見られたというのは、驚きである。企業や商店の競争激化が目立っているし、自殺の多発、政治家の汚職、病院の不祥事、貿易の不均衡、ちょっと変わったところでは黒ビールの流行など、政治、経済、社会、いずれの分野でも、二つの世紀末が酷似しているのがわかる。

ちょっと余談になるが、言うまでもなく幕末から明治にかけても、時代を百年単位で捉える習慣などはなく、「世紀末」という言葉も明治十四年頃に松島某という人がひねり出した造語だと言われている。

ところで、こういった世紀末現象の類似を改めてじっくりと見直してみて、では、これから先の日本ではいったいどんなことが起きるのだろうかと予測してみるのも面白い。例えば、明治時代に入ってきた「ベースボール」を最終的に「野球」と訳したのは正岡子規だと言われているが、二十世紀末の一九九〇年代半ば頃から、東京、大阪、福岡、名古屋など主要都市のプロ野球場が全天候型のドーム球場に変わっていったのを見ると、既に屋内球技に変化しており、プロに限れば、「ベースボール」は今や「屋球」と訳した方が正解と言えるようになってしまった。

百年という間隔をおいてベースボールが日本の大衆の間で昔とはまた違った感覚で注目されているのは間違いないところだが、二十一世紀にはこの分野まで規制緩和され、IBMやマイクロソフト社が日本でプロ野球チームを持ったりすることも考えられるし、いつまでも大相撲だけが日本の国技というのではなしに、この野球やサッカーを第二国技として認めたりするようになると、毎日がワールドシリーズのような迫力と魅力が出て来て楽しくなってくる。

また、当時の新聞記事を見ると、すべてにわたって個人名がはっきりと明記され、一般からの「評価」も正当に受けられるようになっていたのがわかる。

国立大学の卒業式の学生総代の名前も新聞紙上に発表されているし、とくに興味があったのは、刑事事件が発生した時にどこどこの派出所の何とかいう巡査がかけつけて犯人を取り押さえた、など必ず人名が書かれていたことである。こうすることによって、その巡査は評価され、また庶民はより親しみを感じることになったのだろう。

当時、歌舞伎などの人気役者の夏休みのスケジュールが一覧表でオープンに知らされているのも興味津々だ。現代では過度とも思われるぐらい個人情報が保護されつつあり、もうこんなことは別世界のことだが……。

総括の前置きはこのぐらいにして、では、まとめた項目ごとに、具体的に見てみよう。

■子年の主役は、やはり「ねずみ」

明治三十三年は、全国的に穏やかな元旦からの幕開けになった。東京では山の手でも下町でも大きな商店は店を閉めて静かにこの日を迎えたが、市中は盛装した文武官らの馬車での往来が目立った。

ところで、この明治三十三年の干支は「ねずみ」である。そのせいでもないだろうが、この前年から日本列島を黒死病（ペスト）が襲い、新年早々それに関連しての大騒動、珍事件が続出のスタートとなった。

時を同じくして、遠く台湾でもペストによる死亡者が多数出ている。

貧民のペスト患者を発見する目的での健康診断が実施されたり、また、死因が判明しない場合でも発病後三日以内に死去した患者はペスト類似症として取り扱うべしという通知が出されたりもした。

更に、東京市の嘱託検査員がペストに感染して死亡した際の、遺族に対しての補償金給付制度を設けたりと、種々の施策が出されたが、なかでも何とも滑稽と思えるのは、「ねずみのお買いあげ」制度だ。

これは、東京市がペスト伝染の元凶である「ねずみ」を一匹五銭での買い取りを実施するというものであった。

これには一般市民は大あわての大喜びで、魚河岸の問屋の納屋へ大量のねずみ捕獲に入り込んだり、南京ねずみ売りが商売あがったりでどうしようもなく、ついにクラ替えを決意して一挙に八百頭ものねずみを持ち込んで買い上げてもらったり、また、東京市にとどまらず近県からもねずみを持ち込んだりで東京市は一大ねずみ貿易場と化すとともに、庶民のほうは思いがけない新しい銭稼ぎの場となった。

現金を払い戻す方法も工夫がなされた。東京市は、市内十三ヶ所の銀行と交渉して特別切符をつくり、これを予め各派出所に配布しておき、持ち込まれたネズミと引き替えにまずこの切符を渡し、受け取った者は指定銀行にて現金の払い戻しを得られるというシステムである。

二月十一日に「お買いあげ」を中止するまでに、市が買い取ったねずみの総数は約九万匹にのぼったという。

「子年のねずみはカネになる」と言われたユエンである。

■法改正論議が活発

明治初年に各種法律が制定されたが、その後急速に進展していく時代に対応できず、三十年経ったこの頃、あらゆる分野で次々と改正法案が出されている。

府県郡市町村の公共団体所有地免租に関する法案、会計検査院懲戒法案、飲食物その他物品取り締まりに関する法案などから始まって、漁業法、保険業法、土地収用法、宗教法、社寺上地株処分法、質屋取り締まり法など、ここに至って大小さまざまな法律の見直し、改正機運が高まってきた。

しかし、これら重要法案については、ほとんど議会での結論を見る前にいずれも委員会付託になってしまうか、あるいは賛成、反対派の意見の食い違いから議会は大もめ「結論先送り」になるケースが多かったのは、百年という年を超えた現代でもあまり変わっていないようだ。

その中でユニークなものを拾ってみると、刑法の一部改正法案として出されたもので、有婦姦者を有夫姦者と同様に罰すべしというのがある。議員のなかで、否決、あるいは審議を延期希望する者が多かったが、付託委員会ではその理由が明確でないからと動議を出した委員もおり、大いにもめるところとなった。が、結局は男どもの勝手、内心同意から「審議の時期不適合」ということで否決されてしまった。

また、東京市参事会は新たに五種の特別市税賦課案を市会に提出したが、そのなかに取引所に対しても純益の百分の三を課する規定があったため、東京株式、東京米穀、東京商品の三取引所は会合を持ち、これは明確な理由のないものとして内務、大蔵省などに陳情書を提出している。

その他、議員汚職に関する法律案が特別委員会で取り上げられているが、収賄者を罰して贈賄者を罰しないのは不完全であるとの意見が出されている。もしも、こういった議員汚職についてこの当時に完璧に近い法案が成立していたとしても、この問題についてはいつの時代にも悪い奴はあとを絶たないのが現実だろう。

各種法案の一部改正が相次いだ明治三十三年からちょうど百年経ち、金融機能安定化緊急措置法案と預金保険改正法の、いわゆる金融システム安定化関連二法案は、本気でやる気になればあっと言う間に出来上がってしまうという実績を見せつけたものだが、グローバルスタンダードの時代の流れのなかで今また刑法や商法の見直しがなされたり、市民活動や環境問題関連の新しい法案が要求されるのは当然の成り行きと言えるだろう。

■外国（人）との関係が深まる

明治四年（一八七一年）には我が国最初の女子留学生が五人、米国に向けて出帆している。

米国全権公使婦人が付き添って行ったのだが、出発にあたって、この五名は皇后から、「あなた方の志は立派です。我が国でもいずれ女学校が設立されるでしょうが、帰国の折には全国の婦人の模範となるよう心がけ、しっかり勉強に励むように」というような内容のお言葉を頂いている。

その時のお言葉どおり、その後女学校も設立され、明治三十三年三月の新聞には女子高等師範学校卒業式の模様が記されている。樺山文部大臣まで出席し、皇后陛下の御歌「みかかすは」の唱歌を生徒総員起立して歌ったとある。さすが高等師範女学校であるが、卒業生総代の名前までが新聞記事中に載せられているのは面白い。

ちょっと横道に逸れてしまったが、この頃の出来事を見てみると、政治、経済の世界のみならず、庶民の生活のなかでも外国や外国人との関係が急速に深まって行っているのがよくわかる。

外国貿易は、現在とは全く逆で、この年は大幅な輸入超過を示している。貿易面での話題で見ると、やはり米国の動向が一番気になったのだろうが、保護貿易に傾きつつある米国において茶税廃止案が出され、その実施待ちであったり、米国における金本位制の実施による途惑いが見られたりし、また別の面では外交官の特別任用について種々工夫、検討がなされたのもこの時期である。

四月には、神戸や横浜の銀行で手形詐欺をやった外人が横浜検事局からの連絡を受け、逃亡先の上海で逮捕されるという国際的事件も発生している。

ちょっと変わったところでは、東京府会議事堂において実施された産婆の試験で、アイルランドの婦人が我が国での産婆開業を目指して外人では始めての受験をし、「試験答案も英語でやってほしい」と申し出たりもしている。

一方、教師として来日していたドイツ人から「日本の巡査、警部の俸給は何故こんなに安いのか。これでは自分の生活のほうが心配で本来の業務に専念出来ないのではないか」と忠告されたとの記事も出ているが、どうもこちらの方は現在でもあまり改善されていないのではないか。

更に、外国人がらみの些細な出来事を拾ってみると、英国人の水夫が乗っていた自転車で小僧をひき倒して気絶させたとか、ドイツ人が酔っぱらって蕎麦屋の屋台を貸してくれと勝手に引っ張り回して転覆させ、蕎麦を道にばらまいてしまったとか、明治も後半に入ると、日本における外人の悪さも目につくようになってきている。

■庶民の春の楽しみ、いろいろ

春から初夏にかけての庶民の楽しみと言えば、花見と大相撲だった。

その昔、秀吉が催した盛大な醍醐の花見などは公家の間での遊興のひとつであったが、それを庶民の楽しみとして普及させたのは、八代将軍吉宗だと言われている。その後、明治半ばの頃もお花見はますます大衆化、全国化していったようであり、東京では南は御殿山、芝公園、山王社内、北は上野、飛鳥山、向島など桜の名所は、満開の日曜日には非常な人出となっている。鉄道馬車は臨時を百余両出しても尚追いつかない程の盛況であり、永代、千住間を往復する船も花見客で終日満員御礼状態であった。名物言問団子などは昼過ぎにはもう売り切れ、いずこも周辺の料理店は大賑わいの活況を呈した。

各商店や工場も休んで演舞会つきの観桜会を催したり、この日にあわせて運動会を挙行したりもした。

桜が終わると五月には大久保のつつじや亀井戸の藤見物にも人気が移り、花の数より人の数の方が多いとまで言われる賑わいであった。ただ、こちらの方はその場限りの出店の屋台では、相手によって値段をふっかけて、せっかくの庶民の楽しみを不快なものにするケースも多かった。

一方、回向院の大相撲が五月十五日から始まっているが、この頃は屋外での開催のためか「晴天十日間興行」とされていた。

この本場所終了後の六月三日には、帝国ホテルにて一日興行をし、その後横浜、水戸、銚子と地方巡業が続くのだが、その間特別に二日間買い切りの相撲が行われている。

これはライオン歯磨き開業十年と発売三周年感謝記念として特別発売した十銭の徳用袋の購入者に相撲観覧券をつけたものである。

当時にしては粋な販促キャンペーンと言えるが、現在両国国技館のすぐ前にあるライオンのビルを見ると、地元特別版のサービスかと思う。

今では到底考えられないもののひとつとして、『都新聞』の主催による芸妓投票というのが行われている。

京浜地区三千人の芸妓より、気骨、技芸、容貌の三つを兼ね備えた者を選抜しようと企画されたものであり、選挙区を十五に区分し各区ごとに募集した。その結果をみると総投票数は、被選の者七六五名に対し点数百三〇万を超える活況を呈している。いくら明治とは言え、よくまあ一般紙でこんなことをやったとあきれるが、それにしても最近の日本の総選挙を大きく凌ぐ投票率となっていたようである。

もうひとつ、一風変わったところでは、当時の貴族の間では大森の貝塚探索がお楽しみとして流行していたが、これも次第に庶民の間にも広まっていったようだ。

■教育界の問題

二十世紀末が近づくにつれて日本では刑事責任を問われない十四歳以下の「触法少年」の検挙数が急増している。また、相変わらず小中学校の登校拒否生徒が増え続け、教室に行かない「保健室直行生徒」なるものまで出現していた。

こういった原因となる「いじめ問題」は学校だけでなく企業や社会全般にまで広がりつつあり、学校教育のあり方を根本的に見直そうという機運がますます高まりつつあるが、もうひとつ前の世紀末の教育界での話題も見てみよう。

当時、学制改革論は年来の課題であった。

しかし、その必要性を誰もが理解していながら官立学校派と私立学校派が対立したり、ひいては自由党、進歩党の二大政党紛争の格好のネタにもなっていたようだ。

一方で、教育界そのものの腐敗も次から次へとあとを絶たなかった。

種々の口実を設けて出版社を脅迫し金銭をゆする質の悪い教師たちが出現したりしてき

ている。

また、現代では大学入試の際あたりに時折見られるが、この時代にもよく似た事件があった。例えば、横浜のある小学校では父兄の贈り物の有無によって校長が依怙贔屓をし、試験問題を事前にもらした事が発覚し、父兄から校長更迭問題にまで発展しているケースも見られた。時代が変わっても同じである。

また一方で、小学校の教科書不足という突発事件まで起こっている。新学期が始まるというのに読本も修身も習字帳、書画帳も、いずれの教科書も一切品切れとなってしまい、生徒の過半数以上が手にするものなく、右往左往する事態となった。これは、当局者が出版元に対して「近々教科書は全部改正となるはずなので製本を見合わせた方がよい」と内密にもらした事から起こった事件だが、これもやはり教育界の腐敗が根底にあったからである。今ならさしづめ変型インサイダーとでも言えるものだが、新学期で気持ちのはやる子供達にとっては何とも迷惑千万な事であった。

逆に、明るい材料としては、東京市はこのころ各区に小学校の増設を命じており、牛込区ではその一番に落成したのが、早稲田尋常小学校である。明治三十三年五月一日に開校式を挙行しているが、功労者の枡本翁に対して、牛込区から金二百円の記念品を贈ったことも当時の話題となった。

また、ちょっと信じがたい事だが、「未成年者禁煙令が五月一日より実施されることになるが、従来尋常小学校、尋常師範学校においては生徒の喫煙を禁じていたので……」という記事が掲載されているのだが、これから察するに、百年前のこのころから既に小学生の間で喫煙する者があったというのは驚きである。

■病院の不祥事

弱い者いじめをしたり、組織や自分の立場を利用して私服を肥やす悪い奴がいるのは、いつの時代も変わらないようだ。

テレビドラマでも、あれだけ八代将軍吉宗や水戸黄門や遠山の金さんが、戦後の復興期でもバブルの時期でも、そしてグローバルスタンダードの国際化時代の現代でも相変わらずロングセラー的に一般大衆に受け入れられているのは、自分たちの何倍もの強い力を持った正義の味方が、自分たちでは到底手の及ばない悪徳権力者を打ち砕いてくれ世の中を公平、公正にしてくれるという、彼らの夢を叶えてくれるからだろう。つらい思いをし、いつも損をするのは、世の中で弱い立場の普通の人たちなのだ。

一九九七年には、安田病院事件があり、日美整形外科医院事件が起こり、京都の医療法人「十全会」グループの二十億円に及ぶ所得隠しが発覚したり、また、ミドリ十字を中心としたエイズ訴訟などが記憶に新しい。

なかでも、大阪の安田病院では、患者数の水増し、ライセンスを持っていない看護婦の雇用、不明朗な治療費と、偏に院長の私利私欲を満たすだけの乱脈経営が社会問題となり、一方、日美整形の方は、法外な治療費請求や治療の中断など本来の診察病院経営を放置するのみならず、女性患者を麻酔で眠らせて院長が不埒な行為に及んだなど、公的立場にいる者としてその地位と権限だけを自己のために利用しただけの、まさにテレビで見る江戸時代の悪徳代官そのものと言った感がある。

ところで、百年前にもこの手と大して変わらぬ病院関連の不祥事は起こっている。米国でその筋の係官に賄賂を贈ってドクターの免許を得て日本に戻り、下谷区で開業していたニセ医者が捕らえられた事件もあったし、また、神田の某大病院では、堂々たる博士が揃っていて治療も手術も丁寧で評判が良かった一方で、病院事務員らが仕出し屋と結託して重症患者や病状による区別なく、全く一律の食膳とし、しかもピンハネしていたため当時の刑務所服役者でも食べないような腐敗寸前の魚や乾燥してしまった野菜などを出して患者を困らせていた。さらに、外来患者に診察番号札を高値で売りつけて甘い汁を吸っていたりと、ドクターの知らぬところでこんな悪弊が他のいくつかの病院でも同様にまかり通っていたのである。

後のしっぺ返しを恐れて、患者など訴えにくい弱い立場の者が泣き寝入りするのは、時代が変わっても同様のようである。

■銀行、生保会社の破綻

一九九〇年代後半になって、戦後の安全神話の代表であった土地や銀行神話までが一気に崩壊し始めた。九五年には、コスモ信組、木津信組、兵庫銀行などが相次ぎ経営破綻、営業譲渡に至ったのに続き、翌九六年には太平洋銀行、阪和銀行が、そして九七年には大手の北海道拓殖銀行、日産生命保険、京都共栄銀行、それに三洋証券や山一証券などの破綻ニュースが連日のように新聞紙上を賑わすことになり、信用秩序がものの見事に喪失してしまった。金融界は、これらの本格的処理や不安を一掃できないまま二十世紀の終わりを迎えることとなってしまったのである。

では、百年前の金融界はと見ると、雨後の筍の如く各地に小銀行ブームが起こり、同時に同業間の厳しい競争に勝てず、開店から日をおかず倒産していった店も少なくない。

経営難に陥った両国銀行は預金者に対して二週間の支払い延期通告をしたのだが、株主らが緊急対策会議を開いても名解決案が出てくるわけでもなく、また調査を進めるに従って支配人の不祥事が発覚したりと、現代の金融界と同じような問題を抱え頭を悩ませていた。吉原遊郭内にあった日吉銀行が破綻したのを受け、浅草、下谷区の諸銀行にも取付け騒ぎが起こっているし、愛国銀行と大都銀行は生き残りをかけた合併公告を出している。銀行だけに止まらないのは百年前も同じで奈良の大和生命に続き、仏教、大東両生命保険会社も政府よりこれ以上営業継続する見込みなしと断定され、新たな契約を停止させられている。

株主から資本金だけをかき集めてドロンする詐欺銀行まで出現しており、庶民の金融界への不信感はつのるばかりであった。

その一方で、いつの世も同じだが、経営基盤の強固な会社はこういう時機にこそ更に信用度を増すもので、例えば、資本金三十万円で設立した浅草の中央商業銀行は、開業早々好スタートを切った上、商店等への低利での貸し付けが好評を博し、日吉銀行破綻騒ぎの際も二日目からは逆に預金量が大幅に増えてきている。

消費者の選別の目はいつの時代も厳しく、勝ち組と負け組の差はますます拡大、明確化していくのだろう。

■**黒ビールが人気**

一九九〇年代の我が国のビール業界は、夏のシーズン以外の春、秋、冬に季節限定としての新商品を各社が競って出し合い、ビールをフルシーズン化させたため全体の数量を伸ばしたものの、一方でビールそのものをファッション化させ、その都度莫大な宣伝広告費をつぎ込み、競争激化に陥って在庫増にもつながり、結局は一社ひとり勝ちの様相を示すに至った。

さて、ここでまた明治三十三年のビール業界の話題を拾ってみよう。

黒ビールの広告がヤケに目立つ。

「宮内庁御用達　恵比寿ビール
恵比寿黒ビールは世間に既に定評あり
恵比寿黒ビールは東洋一の佳品なり
販売所は至る所にあり
東京目黒　日本麦酒株式会社」

「札幌ビールは日本一の黒ビールにして
世上の好評を博せり
札幌ビールは淡泊にしてその味最も快美日常の飲料に適す」

「浅田ビールは滋養満点
最上の黒ビール」

他にも、東京ビール、カブトビールなども同様の広告を打っている。

このように当時の広告を見る限り黒ビールが断然主流だったようだが、二十世紀後半にも黒ビールがアフターナイン用としてや、ハーフ&ハーフなどで急に人気が出だしたのを思い起こすと、黒ビール人気は百年周期なのかも知れない。

ビール業界が元気な一方で清酒は不振をかこっていたのだが、元気が良いと、またそれなりに心配のタネが出てくるものである。

横浜山手町のビール会社では、従業員七十四名が一円の増給を要求したところ、交渉の代表者が解雇処分を受けたため同盟罷工し、ストライキ突入寸前という事態にまで発展している。結局は業務多忙な折でもありという理由で円満解決に至っているが、これをみても清酒に対して「ビールが元気」な様子がよくわかる。

■増えつづける自殺者

十九世紀末の新聞を見ていると、東京近辺だけでもほぼ連日のように自殺者の記事が出ているのが目につく。

当時、二年遅れごとに発表されていた国勢調査結果(明治三十一年分)で見ると、死亡原因で最も多いのは「天災による」死者で、その次が「自殺」となっており、これは三番目の「行き倒れ」、四番目の「被殺害」の約八倍の数に達している。

自殺者の数は年々増加してきているが、その方法を見てみると、「首つり」が断然トップで、二番目が「入水」、あとはグッと数は落ちて「刃物にて」「銃砲にて」と続いている。このなかで興味があるのは、首つりの場合の男女比率が（合計四千九百人のうち）男六十九パーセントに対して女三十一パーセントと男の方が圧倒的に多いのに比べ、入水、身投げの男女比率では（合計二五八七人のうち）男四十二パーセント対女五十八パーセントと、女の方が多く、この当時の男女の考え方や行動状況を示す結果となっている。

更に自殺の原因を詳しく見てみると、トップは「精神錯乱」で、これは二位の「病苦」の四倍に上っている。以下、「生活苦」「痴情嫉妬」「親族不和」「前非後悔」「事業失敗」「老衰苦慮」などと続くが、ここでも興味があるのは、トップの錯乱から三番目の生活困難までは圧倒的に男の方が多いのだが、四番目の痴情嫉妬からは、男女比率が逆転して女の数の方が上回っていることだ。

夫婦や親族との関係や商売のことなどで、この当時からストレスのたまることも多かったのか自殺者が相次いでいるが、どうも知的レベルの高い層は、自宅でモルヒネなど劇薬服用やピストル自殺が多く、逆に一般庶民の方は鉄道線路や橋の上からの身投げや、現代ではちょっと考えられない井戸への飛び込み自殺も結構多かった。

それにしても、ピストルがこの頃素人にそう簡単に入手出来たというのは不思議であるし、また、成らぬ恋のせいか、遊女などとの情死事件も多く見られる。

現代では、一九九八年以降、年間の自殺者が九年連続で三万人を超えている。ということは、単純にみて毎日約百人もが自ら命を絶っているということであり、これは、日清戦争二回分の戦死者の数に相当する。

情死については阿部定事件を思い起こさせる心中が小説『失楽園』で登場してきたが、二十一世紀に入ると、また情死の復活や、各分野でのコンピュータ化や高齢化社会のなかで、新しいカタチの「自殺」が増えてきそうである。

■人力車あり、馬車鉄道あり、特別回遊列車あり

鉄道がらみの話題は、二〇〇〇年頃にも、新聞の一面や社会面を賑わしていた。国鉄が民営化されJR各社による企業収益向上競争、私鉄との運賃やサービス競争、相当数の日本国民を巻き込んでの株式上場、そして従来からの保有地の入札、長野新幹線から浅田次郎の「鉄道員（ぽっぽや）」まで、鉄道関連の話題は事欠かない。

他の交通機関、乗用車の場合でも、円安による輸出の好調、ハイブリッドカーの登場など、こちらも話題続出であった。

これに対して、明治三十三年に見る交通機関の話題を拾ってみると、当時は人力車から馬車鉄道、電気鉄道まで混在といったバラエティに富んだ、庶民から見るとなかなか面白い時代であったのだ。

人力車を発明した三人組が「庶民の足を発明。新しい職業を開発。海外への輸出も盛んになった」と、この年になって改めて賞勲局より金一封を以て表彰を受けている。

また、府内では主要交通機関であった東京馬車鉄道という会社が明治二十四年頃から動力変更に着目していたにもかかわらず、調査会をつくったり外国視察をするだけで、なかなかコトが進展せず月日のみを費やしているうちに、本社が鉄道局の敷地にあったため立ち退きを要求されたりという事件も起こっている。

更に、株主という点では、これまでは外国人は我が国の鉄道会社の株主になることが許されなかったものが、年々外人の株式所有希望者が増えてきたことから逓信省は同年になってようやく日本、京都、山陽、房総などの鉄道会社に対してその認可を与えている。

もっと庶民にとって身近なところでは、上野停車場前に瀟洒な待合所が設置され、そこには西洋料理店、弁当屋、茶店、西洋小間物屋、菓子・新聞などの売店が開業したというのだが、これなどは正に現代の「エキナカ」ショッピング街の嚆矢と言えるものである。

また「観光シーズンには特別回遊列車で」ということで、シーズン中の日曜日のみ朝上野を出発して夕方には日光発で戻ってくる料金割引の特別回遊列車を運転している。

しかし、いつの時代にも行き過ぎた事は起こるもので、鉄道乗客対象のプラットホームでの飲食物販売が衛生検査でひっかかり、規制、取り締まりを受けたり、甲武鉄道では、駅業務の他に電報業務も請け負っていた改札係数人がその料金を着服した罪で減給、免職などの処分を受けたりもしている。

百年前も現代も、同じような不祥事が起こっているのである。

■大競争の時代は百年前にも

二十世紀末の日本は、「大競争時代」に突入した。

外資攻勢、規制緩和や異業種参入などにより小売業、ホテル、タクシー、航空業、情報通信と、あらゆる分野で価格破壊を伴った大競争が始まった。そして当然の結果として金融、商業界などで競争に負けた者は次々と姿を消していくことになる。

明治三十年代にも同様に、経済界のみならず庶民の生活においてもいろんな分野で大小さまざまな競争が行われていたようである。

まず、この時代の銀行金利の自由競争をみてみよう。

第一銀行の定期預金金利（六ヶ月以上）は年七分であった。これに対して、三井銀行、十五銀行のそれは年六分五厘であり、中央貯蓄銀行は年七分三厘、東海銀行、鴻池銀行、帝国商業銀行などは年七分五厘、百三十二銀行は年七分七厘、さらに実業貯蓄銀行、深川区の工業銀行は年八分と、銀行間によって相当格差のある預金金利となっており、それぞれの信用度とサービス面において激しい預金獲得競争が行われていたものと思われる。

他の業界で見ると、日清戦役後需要不振に陥ったセメント業界では、その価格を維持しようと同業者が集まって貯蓄同盟を組織したが、その後、信義を守らない者が出始めたため同盟が崩れ、以前にも増して業界内での競争が激化していった。

庶民の間でも理髪店のなかに、今で言うディスカウンターが出現してきたため、旧来の組合が価格維持のために交渉に乗り出すという小事件も見られたし、酉の市では浅草と深川で熊手の叩き売り競争も見られたりした。

また、新聞広告を通じてのライバル企業間の販促・宣伝活動も激しさを増している。カブトビールや札幌ビールなどが宣伝合戦を繰り広げ、煙草業界では「ヒーロー」に対して「ハーロー」とよく似たネーミングの紙巻き煙草会社の広告がほぼ連日のように紙面を賑わしていた。

競合商品の新聞広告の例をひとつ挙げてみよう。

キレー水「論より証拠、お試しあれ。ほんまに美人になります。ありとあらゆる化粧水をことごとく試してみても、どうもキレー水が一番良いとは、実験した化粧品通の批評なり。からすをさぎと為す程の即効はなくとも、色つやを美白ならしめ、吹き出物をなくし、きめを細やかにする。」

美白水「必ず美人となる改良化粧新剤。常に令嬢の化粧剤として用いられ、また宮中女官、貴婦人方などのお望みにより、某医学士が特に調合して与えられた御方剤であり、朝夕御用あれば御顔の色を白くし、肌理《きめ》は羽二重の如く細やかになり、真に美しき艶となる。」

他にも同類商品として「テキメン水」などもあるが、いつの時代も女性の「より美しくなりたい」願望は変わらないのであろう。化粧品業界はとくに連日のようにこういった広告展開競争をやっていた。

時代の流れが大きく変わっていく時期というのは、昔も今もいろんな分野で激しい競争が行われ、勝ち組と負け組がはっきりと選別されるのだろう。

■株式市場の低迷つづく

バブル崩壊後右肩下がりに落ち始めた日経平均株価は、その後多少戻しはしたものの、一九九七年初頭には個別の企業業績より日本そのものを売るというジャパンバッシングにあい、その年の十月にはブラックマンデー再来を思い起こさせる香港発の世界的大暴落を迎えることになってしまった。

円安による輸出企業の好調とは逆に、消費税率アップを機に四月から国内消費景気は予想以上に低迷を余儀なくされ、ついに十一月には三洋証券、北海道拓殖銀行、山一証券、徳陽シティ銀行と、一ヶ月のうちに四つもの大手金融企業の破綻をみるに至り、戦後五十年間我が国が抱きつづけてきた土地や生保、株式、銀行などに対する「安全神話」がここにきて一気に崩壊し、日本の今までの歴史にない始めての体験をすることになってしまった。翌一九九八年の大発会も、前年大納会比三百円強安いダウ平均一万五千円割れと、先行き不安を思わせるスタートとなった。

全く同様に、明治三十三年も年間を通じて不景気、株式低迷の年であり、当時の経済界では、ちょうど十年前の明治二十三年の状況とよく似ていると見られていた。この頃には景気十年説でもあったのだろうか。

ただ、一九九七年との違いは、同じ不況でも年初から九月まで続いた輸入超過と金利の高騰が主たる原因であり、そのために株式も低迷するという、いわば典型的な不景気のパターンであり、低金利、輸出絶好調でありながらの九七年の状況の方が異常なのだろう。

当時は、輸入超過のため正貨は続々海外に流出し、金利を三月、四月、十月と一年間に三回も引き上げたため株式市場は年間を通じて概ね低迷し、商工業界も何の手出しも出来ないまま年の瀬を迎えた一年であった。

具体的な数字で示しておくと、明治三十三年の株式市場の月間売買高の推移で見ると、一月が三十一万四千株であったものが、徐々に出来高も増え、四月に五十三万三千株で天井をつけ、その後は次第に細り十二月には月間十五万六千株と年間を通じて最低の売買高でこの年を終えている。

「時代遅れの考えを持った政治家が多く、その失策や不手際のために今日の不況を招いている」という当時の新聞記事を見ると、戦後始めてと言っていいぐらいの金融恐慌に近い状況と極度の消費意欲減退を招いてしまった二十世紀末の政府や日銀のリーダーシップの欠如が情けなく思いやられる。

以上のように、事前に立てた「世紀末、世紀替わりの時期には同じ社会現象が起きる」という見方を政治、経済、社会など各分野で検証していくと、まるでそっくりだというのがよくわかる。更に、二〇〇九年現在で振り返ってみても、今回の「世紀末現象」が二〇〇〇年だけで終わることなく、二十一世紀に入ってもそのまま十年近くもズルズルと引きずられていると思えてならない。

いずれにしろ、このように自ら仮説を立てて図書館通いなどをして、二、三年がかりでそれを検証していく作業は楽しいものだ。

二十分かけて歩いていく図書館までの往復の道で「ころぶことなく」、当時の莫大な資料を何度も「読んで書き写し」、それらをテーマごとにくくり、「手書き」していく作業は、頭も手も足も大いに駆使し、まさに「読み書き　ころばん」の実践そのものと言える。

7章　楽しい比較・分析

仏教、法律、建築様式、風水、十二支など中国から日本に伝来してきたものは数えきれないが、現代も含めて歴史のなかでの「中国人と日本人」の考え方の違いを比較してみるのは面白い。

ほかにも、「洋画と日本画」「四角と丸」「東と西」「春と秋」「犬と猫」など日常生活のなかでの身近なテーマをみつけ、それらを比較対照、分析してみるのも頭と手の体操になり、時間つぶしとしても結構楽しい作業と言える。

ここでは、誰もが感じているものとして、「東京人と大阪人」についてのいろんな角度からの比較をしエッセイ風にまとめてみた。

東京人と大阪人

エスカレーターに乗る時にどちら側に乗るかとか、マクドナルドのことを若者がどう略すかとか、東京の人と大阪の人の違いはよく面白おかしく語られている。そこで、もう少し範囲を広げて私の知るところをエッセイ風にまとめてみた。

映画監督の大林宣彦さんが、関東人と関西人との違いについて、こんなことを言っておられる。

「もともと日本人というのは農耕民族だから、守りの気質でありモノゴトを減点法で考える傾向がある。しかし、関西を含めた瀬戸内の人というのは、『今日は何もなくてよかった』と考える東京人の減点法の幸福感と違って、『今日は思いがけないことがあった』と喜ぶ得点法の幸福感なんですよ」と言っておられるのだが、関西の人というのは、このようにいつも得点法的に何か新しいものを創造していこうというクリエイティブな精神と、同時にまたそれなりの伝統のプライドとか自負というものを持ち合わせている。

インド人が日本人に贈った巨大な文化はふたつあって、ひとつは仏教であり、もうひとつはカレーであると言った人がいるが、大阪の人がこのカレーとカツを組み合わせてカツカレーを創り出したのはよく知られている。その前の明治四十年代頃から既にカレーうどんを生み出していたそうだ。大阪の人は、時代とともに更に工夫を重ねていく創造力と気質を持っているようで、今度はカツとカレーとうどんの三つを一挙に組み合わせてしまったカツカレーうどんまでもつくっている。

根っからの大阪人というのは、「これは大阪のもんや」「大阪人が考えて創り出したもんや」という一種独特のプライドみたいなものを持ち合わせているのだろう。大阪ミナミの道頓堀には、江戸時代から歌舞伎とか人形浄瑠璃の小屋が立ち並んでいたということもあって、ある東京の人が道頓堀のことを「大阪のブロードウェイ」と名付けようと提案した時、伝統の誇りを持っている大阪人は次のように反発した。

「今更勝手に『大阪のブロードウェイ』なんて名付けられたらケッタクソワルイわ、余計なお世話じゃ」と突っぱね、「どうせ言うなら『ニューヨークの道頓堀』と呼んでくれや」と、自信満々に答えたそうだ。ミナミの「難波」という地名は、「ナンバ」とも「なにわ」からの派生とも言われるが、この字のとおり、自分たちは長い歴史のなかで何度も何度も「難しい波」を乗り越えて来たんだという、そんな自信の表れではないかと思う。

商売の神様も東京と大阪では違う。東京は「お酉さん」であり大阪は「えべっさん」である。お酉さんの方は十一月の酉の日であって一の酉と二の酉という風に言い、その間隔が十一日間あいている。これに対して大阪のえべっさんは一月で、十日が本えびす、その前日が宵えびす、あとが残り福ということで三日間続いている。どうも関西の人というのは、東京の酉の市のように日にちが飛んでしまうとダメで、三日間ぶっつづけでギューッとひとつに凝縮していないと盛り上がってこないのだろう。

これも改めて言うまでもないことだが、大阪人は言葉をすぐに縮めてしまうクセがある。東京の人は、丸の内一丁目のことを「丸一」と呼んだり銀座四丁目のことを「銀四」とは絶対に呼んだりしないが、大阪人は天神橋六丁目を「天六」、谷町九丁目を「谷九」、梅田新道を「梅新」と呼び、本当に短くするのが上手であり、「上六」なんかになってくると、こちらの方が正式名かと思って「上六のことを上本町六丁目という奴もおるなあ」などと言う人も出てきそうである。こんな風に大阪人は東京人と比べてせっかちで地名でも言葉でもどんどん短縮してしまう。ところで、東京ではこういうことが全くないのかというとそうではなく、地名こそあまりないが、昔から「銀ブラ」とか、「ハナ金」とか「渋カジ」などと結構使われているし、最近の若者の間では短縮語そのものが流行しているのでこれからも更に増え続けるのだろう。

地名とか名前の読み方については、東京人の考え方でどうも腑に落ちないことがある。浅草寺はアサクサと読まず「せんそうじ」だし、品川寺はシナガワと読まず「ほんせんじ」となり、ＪＲに乗ると新橋駅近くで看板をよく目にする中華料理店の「新橋亭」も、何故か「シンキョウテイ」と読むのだそうだ。本音で素直に読むのを嫌がってわざと難しく読むのが東京人の粋なのだろうか。

経済的な面で見ると、東京は原則的には値切らない社会であり、これとは対照的に大阪は値切りの社会である。大阪人の買物の基本というのは値切りのゲームであり、当然のことながらここにはルールとノウハウがある。例え売り手がどんなに高く売りつけても、逆に買い手がどんなに安くせしめても、一旦買ったものにはケチをつけない。これがルールでありモラルなんだと、大阪人は考えているのだ。いつだったか、新聞に芦屋に住んでおられるお医者さんが、大阪の文化について、なかなか面白い記事を書いておられた。

大阪人の価値観についての問題である。

「二十万円のイタリアのブランドもののバッグを十万円に値切って買いました。あなたにとって、このバッグの価値はいくらでしょう。その答えは、次のどれでしょう。一、三十万円、二、二十万円、三、十万円というのが問題です。いかがですか。根っからの大阪人は一番と答えます。どんなに安く買っても二十万円のものは二十万円。その上安くしてもらったのだから、プラス十万円の得で、これは三十万円の値打ちがあると考えます。東京人にとっては、こんな風には到底理解出来ない計算なのだろうが、これが、正に大阪人の価値観であり、大阪文化なのです」という訳だ。大阪人の特徴がうまく表現されているではないか。

その昔、江戸では食事の時につける漬物はたった一切れだけだった。これに対し、上方では漬物を三切れつけるというのが習わしになっていた。武士社会の江戸では、三切れというのは「身を斬る」に通じて嫌がられ、これとは逆に、大阪は商人の世界だから夕食の度に漬物は三切れつけ、子供の頃から「商売には見切《みき》りのタイミングが大事なんですよ」と教え込んでいたのだという。私も実際東京築地の料亭に行った時、大阪の吉兆で若い頃修業をつんできたという板前さんが最後のごはんの時に出してくれた漬物は、やはり三切れであり、成る程大阪で仕込まれた通りにやっているんだなと思ったものだ。

しめくくりは、東京人と大阪人のモノの見方、考え方についてのエピソードをひとつ。閉店間際の居酒屋ののれんをくぐった時の態度の違いである。のれん越しに、従業員が椅子を上げたりして片づけをし始めているのを見て、「もう終わりですか」と聞くのが東京人。逆に、誰も客がいなくなってもう片づけをしているのを目にしているのに、「まだやってまっか」と強引になかに入り込んで行くのが大阪人によく見られるケースである。どうも大阪の人の方が、あきらめが悪くてシツコイのかも知れない。

考え、思い出してみれば、まだまだ思いつくことがあるだろう。こうやって、自分で好きなように題材を決めて比較・分析してみるのも楽しいものだ。

8章　別れの挨拶

「別れ」というのは、必ずしも人に対してだけでなく、モノや場所に対しても辛さ、寂しさという切ない気持ちが湧いてくるものである。

私が東京の支店を担当していた時は、六年間単身赴任であった。

新しく買って持って行ったフライパンが三年半ぐらいで駄目になり、マンション地階のゴミステーションに持っていくことになった。右手にフライパンをぶらさげて階段を降り始めたが、一度目は途中で何ともツライ気持ちになってきて、引き返したのを覚えている。油をひいて簡単に料理が出来るので、もうしょっちゅうこのフライパンを使っていたから、私にとっては「良き相棒であり良き助手」でもあったのに、使い込みすぎたために短期間のつきあいで別れることになってしまった。要するに、一人住まいの私にとっては、まさに「ベストフレンド」だったのだが、三度目になってやっと別れを告げることが出来た。

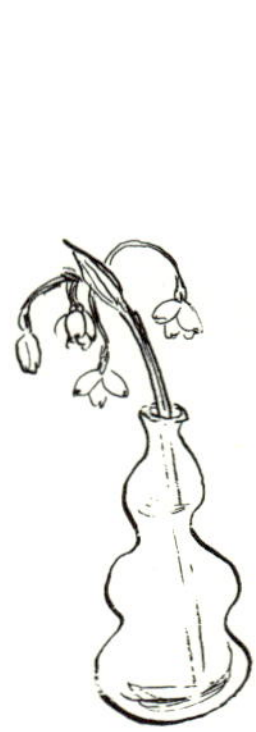

百貨店の家庭用品売場の部長をしていた時のこと。台所用品売場で販売をしていたら、包丁を選んでおられた主婦から、「台所が自分の城である主婦にとっては、料理の腕をあげてくれるこのメーカーの包丁は、私たちにとって『宝物』なのよね」と教えられたことがある。私もフライパンを捨てる時に、この事を思い出した。そうだ、料理道具というのは、書道家にとっての筆、野球選手にとってのバットなどと同じく、主婦にとっては良き相棒的「宝物」なんだ。だから、思い出いっぱいの彼らとの別れは寂しいのだろう。

ちょっと話が逸れてしまったが、ここでは二つの別れの言葉やシーンを紹介しよう。

ま行の人

日本の歴史や文学、短歌などに造詣が深くいろんなことをよく教えていただき、また同時に親しい先輩でもあった吉村さんが亡くなられたという知らせを受けたのは、全く突然のことだった。

短歌の会などでも活躍され、旅行好きであったし、毎日一時間以上も早足歩きを実行しておられ大変お元気だったのが、四月後半に突然入院されたと聞き、驚いた。

その時点で彼は既に自分の先行きを悟り、誰にも病院名を知らせず、一切のお見舞いを断るようにと奥様に厳命されていたそうだ。それから二ヶ月も経たないうちに旅立たれ、葬儀も誰にも知らされぬまま執り行われたという。

四十九日が過ぎて、生前からごく親しかった者だけでの「偲ぶ会」が堺で催された。

それは、こじんまりとした集まりであったが、とても温もりのあるものだった。

その席で、残された奥様が、吉村さんの最後の姿を披露された。

それは、自分の夫を、皆の前で何のテライもなく、尊敬し、誇りに思う語りであった。

四月初めに、以前からふたりで見に行くのを楽しみにしておられた、ある名所の桜の花見に出かけられ、自宅に戻られてからのこと。早速吉村さんは次のような歌を詠まれたそうだ。

「ただ一羽　北を目指して　飛ぶ鳥の　空の高みに　消えて行く春」

これでは、歌のどの部分のどの言葉をとっても、正に「己の死」が間近に迫っていることを確信されていたと察せられる。

ずっと以前から西行の生き方に敬服しておられた吉村さんは、入院されてから亡くなられる当日まで一度も横たわることなく、ずっとベッドの上で座禅を組み続けておられたという。

席上で奥様からこの話を披露された途端、仲間のひとりは思わず「サムライ吉村！」と叫んだものだ。
そして、その時私は、彼を「ま行の人」だったと想い浮かべていた。
（ま）真面目で
（み）見極め上手で
（む）昔気質の良さがあり
（め）面倒見が良くて
（も）物識り博士
だったからだ。
惜しい人を亡くしてしまった。
西行のような吉村さんから、もっともっと数多くのことを学びたかったのに……。

次は、十年前の二月二十六日に亡くなった父の告別式での、私の挨拶である。
後日、述べたことを思い出しながら記録した。

父の告別式での挨拶

本日は、皆様方大変お忙しい中、またお寒い中、わざわざお越しいただき、本当にありがとうございました。

この度は生前の父の意向もあり、日頃ごく親しくおつきあい賜っておりました方々だけにご連絡をさせていただきましたので、本日こちらにお越し頂いております皆様方には私の方から改めてご説明する必要もないかもしれませんが、父は昨年満で八十六歳を迎えました。

昨年の秋頃でしたか、親族何人かが集まりまして食事会をしました折に、「来年は数えで八十八歳になるので、盛大にお祝いの会をしようね。」と私が提案しましたら、父は、「俺は百歳まで生きるぞ」と元気に公言しましたので「百歳まで生きられたら、それまでに僕の方が先にくたばってしまうよ」と申しました。そうしましたら、父が、「そうか。君の方が先に亡くなるんだったら、君の葬式の時の弔辞を俺が読んでやろう」と、馬鹿げた冗談を飛ばしておりました。

しかし、年が明けて、元旦の日の朝、例年のように同じ敷地の父に新年の挨拶に行きましたら、部屋に入るなり、「ちょっと見てほしいものがある」と手を引っ張られました。

それは、父と母が盛装して写っている週刊誌大のカラー写真でした。金婚式の時に宝塚ホテルで撮ったものだということでしたが、「俺の葬式の時にはこの写真を使いたいと思っているんだが、どうだ？　ちょっと若すぎるかな」と尋ねられました。元気いっぱいの父がこんな事を言うのは初めてだったんですが、今から思えば、このとき既に父は、自分の人生の終わりが近いことを感じ取っていたのかもしれません。

翌日の二日にも、思うことがあって父の部屋を訪ねました。

私どもの家の庭は小さいんですが、そこに処狭しと、この二十年ぐらいの間に父がどこからか買い集めてきた木や花が植えられております。私はこれまで、会社のことばかりで、しかも不調法で、花や木の名前なんて皆目わかりません。それで、よく公園などで見かけるような、ひとつずつの木に、名前を書いたプレートをつけてみようと思い立ったんです。父を庭に呼び出し、一本ずつ、これが唐カエデだとか、キンモクセイだとか、乙女椿だとか教えてもらい、その都度私はスケッチブックを手にし、門の方から順番に簡単なスケッチをして名前を入れていきました。

父はちょっと疲れたのか、寒かったのか、「今日はこの辺でやめておこう」と、その日は二十本ぐらいのところで一旦中止し、続きは後日ということにしました。

そして、第二回目のレッスンを受けることなく、こんなことになってしまいました。

一週間程前、病院へ行きました時に、麻酔で眠らされたままの父の耳元で、「おやじさん！　庭の木の名前、まだ教えてもらってないのが半分くらいあるよ」と大きな声で語りかけました。

そうしましたら、手も足も、顔の表情も全く動かない父の左の目に涙がたまっているのに気付きました。あれ、最初から目のところに水がついていたのかな、と不審に思っていましたら、続いて今度は右の目からの涙がスウーっと頬を伝って落ちていったんです。

その翌日、担当の先生にそのことを話しましたら、「麻酔で眠っているから、そんなことは考えられない」と言われてしまいましたが、医学や科学の世界の常識では考えられない、人間の不思議な底力のようなものがあるんだなと思いました。また、それは、この年になるまで、死が間近に迫ってきた人間の状況を実際に見たことがなかった私にとりましては、大変感動的というか、印象深いシーンでありました。

一昨日の夕方、病院から父の遺体を運んで参りまして、母方の座敷に北枕で寝かせ、ふと床の間を見ますと、黒っぽい木の中央に金属のプレートがついている楯のようなものが目につきました。これは何だったかな、と母に尋ねましたら、もう二十年以上前に、資源エネルギー庁から表彰された楯だということでした。二、三年前から出してきて、掛け軸の横のすみっこに置いていたようですが、これは、六十代まで技術畑ひと筋でやってきた父にとって、自分の人生のなかでの、ひとつの勲章のようなものだったのかもしれません。皆様方、先程ご焼香して頂きました時、祭壇の左のお花の横に陶製の花瓶が置かれているのに気付かれ、何だ、これは、葬儀屋さんが置き忘れているのかなと思われた方があるかも知れませんが、あれは、まぎれもなく「八十六歳のアーティスト」の作品であります。昨年の宝塚市展で入選した作品です。

父は干支がネズミだったせいか、よくこまめに動きまわりましたし、また、せっかちな方でありましたので、今頃天国で土をこねながら、今年の秋の市展に出品する作品の構想でも練っているかと思われます。

日本の仏教では、亡くなってから四十九日経って忌明けの法要を営みますが、この「忌明け」という字は、「己の心が明るい」と書きます。残された遺族がいつまでもくよくよ落ち込んでいるのではなしに、四十九日経ったら、それから先の人生というか生き方を明らかにし、また気持ちを明るく持っていきなさいという意味だそうです。生前から冗談が好きで明るい性格の父は、「四十九日も待っていないで、今日からでも明るく元気にやっていきなさい」と、天国から言ってくれているような気が致します。

ただ、残された母にとりましては、急なことでもありそのショックも大きく、相当弱っているようですので、どうか皆様、時々はあたたかいお声をおかけ頂き、また旧来以上のおつきあいを賜りますよう、私から呉々もよろしくお願い申し上げます。
本日はお寒いなか、皆様お越し頂きましてありがとうございました。親族一同、厚く御礼申し上げます。

五十代に入ると、年末には友人・知人からの喪中の葉書が一挙に増えてくる。そして、六十代になると、その葉書が奥さんからで、ご本人の死亡通知に変わるケースが出て来始める。

三十、四十代の頃は、部下の結婚式など、お祝いのスピーチをする事が多々あるが、これも六十を過ぎると、逆にお悔やみの言葉を述べる機会の方が増えてくる。お祝い事とは違い、このお悔やみの方は、突然発生するので、その対応が難しい。かと言って、その機会を予想し準備しておくわけにはいかないから、その場で自分の思いを飾らず素直に話すことが、聞く人たちの心に染みるのだろう。

9章　「超短編小説」に挑戦する

私は時代小説が好きで、よく書店に新刊をさがしに行くが、ある日雑誌のコーナーのなかに『公募ガイド』というのを見つけ、面白そうなので買ってみた。

県や市がスローガンを募集したり、俳句や写真コンテストの紹介をするガイド本であったが、ページをめくっていくと、ある文芸関係の社が「超短編小説」というのを募集しているのが目についた。新人発掘の場にするのか、これまであまり聞いたことのない二千字という短い小説を募集しているのだ。これは発想が面白い。四百字詰め原稿用紙で五枚、これなら私でも書ける。

そう思って、四十代の頃に気の向くまま書いて置いていた三千字強の長さのものを、この機会に改めて見直し、省けるところはどんどん省いて流れを良くし、「オチ」にも手を加え、ともかく二千字ちょうどに収め直したのが、私にとって始めて挑戦する「超短編小説」である。以下の如しである。

雨の日のカクテル

幼なじみの哲三とゆかりは、この四年間、ちょっと風変わりなデートを続けていた。互いに仕事が忙しかったため、会うのは年に二回、バレンタインデーと七夕の夜と決めていた。三つ違いのゆかりが二十五歳の時に再会してからの約束であり、今日が八回目に当たる。

大阪梅田の外資系ホテル上層階のバーカウンターに二人は並んで座り、今夜はカクテルナイトにしようと決めていた。

哲三は、「まずキールロワイヤルで乾杯しよう」と提案し、ひと呼吸おいてつづけた。

「別名、愛のカクテルと言うらしいよ」

ゆかりはその言葉を聞き流し、あまり気乗りしないまま、バーテンに向かって、「ペルノトニック、下さい」と注文した。

ノッケから肩すかしを食ったが、哲三は気分を取り直して乾杯のグラスを重ねる。

せっかくの七夕の夜なのに、先程から雨が降り出してきた。公園が見下ろせるシースルーのガラス窓に雨の斜線が増え始めたのを見つめながら、ゆかりが話す。

「橋本精二の《雨の日の映画館》っていう歌にこんな一節があるのを知ってる?

スクリーンに　THE　END
私と一緒に恋が終わる
あと少しで涙になる
あと少しで涙になる
スクリーンのヒロインが
　私の代わりに泣いてくれた
ね、なかなかいい詩でしょ」
乾杯のカクテルだけが別々で二杯目からは同じもの。ギブソンからほろ苦いネグローニに変わった時、ゆかりがポツンとつぶやいた。
「今夜十時になったら、何かが変わるかも知れない」
そろそろ酔いがまわってきたのか、生半可に聞いていた哲三が応じる。
「シンデレラよりも二時間も早いのか。雨の中から突然白馬の騎士が現れて、ゆかりを連れ去ってしまうとか。ふうん、ちょっとぐらい刺激になっていいかもな」
六杯目のギムレットを飲み始めた時、ゆかりは詰問口調で攻めてきた。
「女心のわからない哲さんなんて、鉄造と名前を変えて鍛冶屋にでもなればいいのよ」
と叫ぶや、目頭をハンカチで押さえながらトイレに立って行った。

なかなか戻って来ないゆかりを待つ間に七杯目のハリケーンに口をつけた時、ゆかりはラッピングされた一輪の薄紫色の珍しいバラを手にして席に戻って来た。

彼女が座るのとほぼ同時に、ゆかりの向こう側の席にいた男が、何と、こう言ったのだ。

「ハリケーンを、ドライジンを少し多めにして下さい」。バリトンのよく響く声だった。

これにはバーテンのほうが驚いた。

「今夜はどういう日なんでしょうね」と。

ハリケーンを一気に半分ぐらい飲んだバリトン男がグラスを掲げて哲三に言った。

「ゆかりさんがどれだけあなたのことを想っていたかを、私は嫌という程聞かされましたよ。私は今年の初めから半年かけて口説きました。きのうまで、まだあなたに対しての想いが幾分か残っていたのかもしれません。でもそれも今夜で、そう、このハリケーンがゆかりさんのモヤモヤの気分を吹き飛ばしてくれるでしょう」

その言葉が終わると同時に大正時代のような柱時計がボーンと十時を告げ始めた。

「僕たち、この秋結婚します。お許し頂けるなら、先輩ともう一度一緒にハリケーンを飲みたいものです」

彼は、小さな声でサヨナラと言うゆかりの肩に手を添え席を立って行き、あとには一輪のバラが残されていた。

外に出ると、いつから吹き始めたのか、本当にハリケーンのようなすごい風雨だ。折りたたみの傘が全く役にたたず、スーツがあっという間にビショ濡れになる。薄紫のバラを持った手をあげタクシーを呼び止めようとしたら、花びらが一片強風に飛ばされていった。声を出す間もなく、続いてもう一枚の花びらが、すぐ後を追いかけるように暗闇の向こうに消え去って行った。

「まるであの二人みたいじゃないか」

止まってくれないタクシーをあきらめ、哲三は地下鉄の駅の方に向かって歩き始めた。そして、二つの花びらをもぎ取られた薄紫のバラと折れ曲がった傘とを左手の工事現場に向けて放り投げた。

「そうか、俺は鍛冶屋か。女心のわからないカタブツか。仕事、仕事で前ばかり向いてがむしゃらに十数年も働き続けてきたのは、鉄を打ち続ける刀鍛冶と同じじゃったんやな。そして、俺は一番大切なものを見失っていたんや」

哲三はつぶやいた。

「もうハリケーンなんて飲むもんか。雨の日のカクテルは、俺には似合わんから……」

次は、もっと年代を下げて、しかも女性が主人公で彼女の語り口調の展開にして、二千字ぴったりにまとめてみた。

モーニングコーヒーはおふたりで

私、十九歳。大阪梅田の駅ビル一階にあるコーヒーショップに勤める女の子です。二十人ほど座れるカウンターだけのお店で毎朝七時から十一時までのアルバイトなんです。向田邦子さんの『思い出トランプ』という連作エッセイ集のなかに、「コーヒーとうそはよく似合う」という一説があったのを覚えているんですが、ここでアルバイトしていると、ありとあらゆる人間模様の縮図を目や耳にすることが出来るんです。そんな人たちのなかからちょっと気になったカップルをご紹介しましょう。

毎日、百人近くも見る男性客のなかで、銀太郎という変な名の、だけど何となく憂いを含んだ真面目青年に、私がスプーンをつけ忘れた九月頃だったと思います。「あらあ、すみませーん」と甘えた声で私がスプーンを渡そうとすると、銀太郎さんは右手を軽く挙げて制し、「彼女のを借りるから、いいですよ」と言われ、片思い気味だった私はガックリ肩を落としてしまいました。

その彼女というのが、ほとんど毎日出勤前にやってきて、ここで、そう、私たちの前で出来上がったカップルなんですよね。これまた、風子という、変わった名前なんですが、その後、おふたりの関係はますます親密さを増していき、ついには、式場の費用はどれぐらいかとか、ハワイがいいかグアムがいいかとか話し始めたのが十一月初め頃でした。

そして、銀太郎さんが急にパタリと姿を見せなくなったのは、その月の終わり頃からだったでしょうか。最初の一週間くらいはあまり気にしていなかったのですが、二十日を過ぎてくると、もう私のイライラは頂点に達し本当に心配になってきました。それに引き替え風子の方は、以前より回数は減ったものの不定期でモーニングコーヒーを飲みにやってきておりました。でも、その風子も、十二月半ばにもなると全く顔を出さなくなってしまったんです。

風子と同じ会社に勤めているという三十歳前後の、いかにもキャリアウーマンというタイプの女性から例の二人のその後のことを聞いたのは、木枯らしが吹きすさぶ年の瀬も押し詰まってからのことでした。私が思いあまって尋ねると、彼女はしんみりと二人のことを話し始めてくれたのです。

十一月最後の木曜日の夜、いつものようにデートのあと風子を家まで送り届けた銀太郎は、喜びの余韻を残しながら自宅付近のスナックでひとり飲み直した。そして、信号のない国道を千鳥足で横断しようとして、右手から突っ走ってきた小型トラックにはねられ、瀕死の重傷を負い、結局片足を切断する大手術をしたのだそうです。

それから十日ほど連日彼のもとへ見舞いに通っていた風子の足が日を追って病院から遠のいていき、大事故からちょうど三週間ぐらい経った頃、風子は、自らの一方的な婚約破棄の手紙を病室で眠っている銀太郎さんの枕元に置いたまま、それっきり彼の前から姿を消してしまった、というのです。

風子の先輩にあたるという、その丸顔でショートカットの女性は、さめかけたコーヒーには手をつけず、こう締めくくったのです。

風子からの手紙を読んだ銀太郎さんは、その二日後の夜に果物ナイフで頸動脈を切り、シーツを血だらけにして既にコト切れていたのを、翌朝早くに看護婦に発見された。彼のベッドの下に遺書らしいメモが落ちていて、それには「残念だ」というたった三文字だけが書いてあったそうです。

何かを我慢するように大きく深呼吸したその先輩は、それっきりで口を閉じてしまいました。

この話を聞かされた後、私は、いつも銀太郎さんが座っていた左から三番目の椅子のあたりを見つめると、涙がポロポロ頬を伝い、顔がクシャクシャになっている自分をどうにも止められませんでした。あの身勝手で冷酷な女め！　毒蛇のような女だ、と思わず口に出して罵ってしまいました。

しかし、しばらく経って、「もしも私が風子の立場だったら、片足のなくなったフィアンセと、何のためらいもなく心から喜んで結婚出来ただろうか」という恐ろしい疑問が湧いて来たんです。自分の幸せだけを追い求める女の性って、こんなに冷たいものなのか、心の絆で結ばれているはずの人間関係ってこんなにモロイものなのかと、我ながら嫌あな気分になってきたんです。

もうこれからはカウンターで恋をささやいてくれてもいい。嫉妬するようなカップルが、座ってくれてもいい。みんなにおいしいコーヒーを飲んで頂いて、いい一日の始まりのお手伝いが出来ますように。私は、そう思い直すとちょっぴり元気が出て来たんです。

そして私は思わずつぶやいてしまいました。「モーニングコーヒーはおふたりで」って。

もうひとつ。今度は、前段階にエッセイ風の文章をつけたあとに、二千字にこだわらない超短編小説を書いてみた。

桜の花が散るように

清水へ祇園をよぎる桜月夜今宵逢う人みなうつくしき　与謝野晶子

桜の見頃は三分咲き、それも月にほんのりかさのかかった十三夜か十六夜の、四月上旬の花冷えの夜桜。月の光に溶け合い、ひときわ悩ましげに見える桜に心動かされたのは、与謝野晶子というより、最も日本人好みの風情と言えるだろう。

花見といえば、桜が花の代名詞のようになっているが、桜の観賞が大いに流行り出したのは平安時代の頃からだと言われている。まず貴族の間で大流行し、歌に詠まれ、あるいは花合わせなどの遊技を生み出したりしたが、一方庶民の間では、観賞用というより桜の咲く様子を見て、その年の農作物の豊作・不作を占っていたのが、そもそも花見のルーツだというから面白い。

「内地では『梅は咲いたか、桜はまだかいな』などと言うそうですが、こちらでは梅も桜も一度に咲いて、いま北海道の春は花盛りでございます」

五月の北海道へ行くと、観光バスのガイドさんが、こんなことを言うそうだが、日本では緯度が一度北にずれるごとに桜の咲くのが四～六日ずつ遅れていく。だから、ゴールデンウイークの頃、桜の花前線は津軽海峡を渡ることになる。

植物学ではバラ科に属し西洋ではほとんどの場合、サクランボのことを言う桜も、日本では国花とされているが、では、いつの頃から我が国に桜が咲くようになったのだろう。それは、昔々、日本の国に神様がいらっしゃった頃のこと。山の神の大山祇命《おおやまずみのみこと》と、野の神の草野姫命《くさのひめのみこと》との間に生まれた、木花開耶姫《このはなさくやひめ》命という神様が、父の言いつけで、花の宮殿を出て雲を踏み霞に乗って富士の山頂に天降り、種子をまき散らしたのが、そもそもの始まりで、それから日本に桜の花が咲き乱れるようになったと言い伝えられている。「さくら」という呼び名も、この木花開耶姫命からとったのだろう。

桜は散るのが早く、その散り際の潔さが、しばしば武士の生き方の理想と例えられてきた。私たちの若かった頃、栃錦という史上に残る名横綱がいた。彼は関脇、大関と、トントン拍子に出世し、ついに横綱に昇格した。栃錦はこの横綱昇進を、まずは親方に報告しようと先代の春日野親方のところへ駆けつけた。栃錦は、親方から「ごくろうさん、よくやったな」とか、「おめでとう！」というねぎらいやお祝いの言葉のひとつぐらいかけてもらえるものと期待していた。

ところが、その時、親方の口から出たのはこんな言葉だった。「横綱になってしまったら、もうあとがない。後は引退するだけだ。横綱として引退する時は、桜の花が散るように見事に散れ！　そうなるために、今まで以上に努力、精進せよ！」厳しい顔でこう言われたそうだ。

私たちも、長年勤めた会社を退職する時、こんな見事な辞め方をしてみたいものだと思っていたが、さて自分の場合はどうだったのだろうか。

では、信州に伝わる山の伝説「桜の精」からヒントを得て、桜をテーマとした現代風の超短編小説を作ってみた。ジェフリー・アーチャーや阿刀田高のように小気味よくキマラナイのは、能力の差だから仕方がない。


北アルプスに囲まれた上高地は、夏山としてだけでなく、近年冬山も賑わい、四季を通じて全国から若者たちがやってくる。

入社五年目、このところ仕事の壁にぶつかっていろいろと悩むことが多く、憂鬱な毎日を送っていた伊藤俊輔が、二十七歳の誕生日を機に心機一転を図ろうと、入社以来初めての四連休をとって信州上高地へやって来たのは、まだ肌寒い四月中旬だった。混雑するゴールデンウイークの前にと思って来てみたのだが、中年のご夫婦や団体客で結構賑わっていた。

俊輔は一人になりたくて、大きなホテルを避け、河童橋から四百メートルほど上流にある、山の中のひっそりとした旅館を選んだ。

きっと桜材を使っているんだろう、看板に「桜のやど」と右から左へ達筆で太く書かれた、いかにも古びた感じのする旅館というよりは、その昔木こりや兎狩をする人たちが泊まる山小屋に毛のはえたような造りだった。

「慌ただしい人間関係の複雑な会社や都会を、一時的にでも忘れるにはもってこいのところだ」と、俊輔はそんな風情が何とも気にいっていた。

「あまり暗くならないうちに戻って下さいよ。日が暮れたら二、三メートル先も見えない暗闇になってしまいますから」という、もう八十ま近い亭主の忠告をあとにして、俊輔はふらりと山深く歩いてみることにした。

「遠くに人声も聞こえるし、まだ日は高いし、迷ったりするもんか。それに、何と言っても学生時代はワンダーフォーゲル部で活躍してたんだから」と思いながら、一歩一歩奥深く分け入って行くうちに人声は全く聞こえなくなり、風に揺れる木々の音と鳥の声だけに変わる。どのぐらい奥まで入ったのだろう、ふと辺りを見回すと、原始林の朽ち木が折り重なって倒れており、それにはサルオガセが垂れ下がり一面苔むし、足もとはまるで布団のように昨年来の落ち葉が積もっている。

一瞬背筋を襲うような冷たい風が吹き抜けたような気がして、俊輔は何だか気味が悪くなってきた。

迷いながらも、更に奥深く歩を進めると、突然目の前に美しい桜が爛漫と咲き誇っていた。どこかの劇場の緞帳で見た平安朝の日本画の世界のような光景が広がっている。

俊輔は、夢を見ているような気がして、思わずうっとりと放心状態でその場に立ちつくしていると、ひときわ大きな桜の木の下から十七、八歳位かと思われる絶世の美女が忽然と現れた。娘は微笑みながら、「驚かしてごめんなさい。私はこの山中に住んでいるものです」と俊輔の方に近づいてきた。肌は透き通るように白く、その目は人を強く引きつけて放さない不思議な魅力を持っていた。

俊輔は、「ついつい奥深く入り込んでしまい、道に迷ったんだ」と説明し、「あなたなら『桜のやど』へ帰る道をご存じですよね」と尋ねてみた。

娘は、身も心も溶かしてしまうように婉然と微笑み、「私の願いを聞き入れてくれるなら、あなたの戻る道を教えましょう」と俊輔にそっとすり寄ってきた。

彼はその途端、全身が温かい雲に包まれた心地がして、何とも言えない夢見ごこちの幸福感にとらわれ、思わず娘を抱き寄せた。

それから後のことは殆ど覚えていない。

娘は彼から身を離すと「明日また来てください。きっとですよ。楽しみに待っていますからね」。こう言い残し、現れた時と同じように忽然と姿を消してしまった。

娘が消えたあとには、風に吹かれて桜の花びらが舞っていた。眠い、眠い。目を開けようとしても開かない。「一体俺はどうしてこんなところに眠っているんだろう」

桃色の雲をバックに花びらが吹雪のように舞っている。一瞬深い谷底に落ちるような眠りに襲われたと思ったら、目が覚めた。桜の花びらは、頭の上でなく、遠くの川岸の桜並木のところで散っている。おかしい。先程と景色が変わっている。自分は一面みどりの草原に寝そべっており、川沿いの桜並木は三十メートルぐらい先にある。

「あれからどのぐらい経ったんだろう」。夢うつつのまま、まばたきをすると目の前に今度は一人の男が立っていて、俊輔を見下ろしていた。

「おう、目が覚めたか。久しぶりやなあ。もう四年ぐらいになるかなあ。よう来てくれたなあ」。男の声とまわりの景色がまたボヤケ出した。現実なのか、夢なのかわからない。

そう言えば、きょう「桜のやど」に着いたら老いた亭主が部屋に小さな梅干しの入ったお茶を持って来てくれ、話してくれたことを思い出した。「お客さん、この山には昔、ちょうどこの季節になると『桜の精』が出てきて、若い男の魂を吸い取っていくという伝説があるんですよ。あんたもいい男だから、昔だったら危ないところだったねえ」。すると先程の、あの美しい娘は伝説の「桜の精」だったんだろうか。

眠くて目が開かない。男の声が顔に近づいてきた。「もう間もなく、今日の最終便の渡し舟があの舟つき場から出るんや。おまえの、のんびりムードはちっとも直っとらんなあ。こんなところで昼寝しとらんと、早よ起きて走って行こうや」。男が身体をゆすり、腕を引っ張って起こそうとする。強烈な睡魔が襲い目が開きそうで開かない。

この男、知ってるぞ。知ってるどころか、福沢ではないか。たしか、小学校五年生の時地方から転校してきて、そのまま中学の三年間一緒に過ごし、また学部は違ったが大学も同じだった。卒業してからはほとんど会っていない。

俊輔はここまで思い出した時、急に顔から血の気が失せ身体がふるえ出し、今度は目玉が飛び出すぐらいにはっきりと目が覚めた。

いま俺の腕を持って起こそうとしているこの男、たしか、四年前に自動車事故で亡くなったはず。父親から連絡をもらったのに、仕事で抜け出すことが出来ず、葬儀に参列することが出来なかった。そう、四月の中旬だった。きょうは四月十九日。何と今日は福沢の命日に当たる。

川べりの桜並木の花びらが、ピンクのカーテンのように風に流されている。その、花のカーテンのかげに見え隠れする舟着き場の看板の、黒地に白で抜かれた文字が小さく見えた。

FOR SANZUNOKAWA

反省。

ヒルトンホテルの上層階のカウンターバーで酒を飲んだり、学生時代には上高地へも行ったことはあるが、この小説の内容は、すべて頭の中だけのストーリー展開であり、所詮奥行きの深さには欠けている。

やはり読む人に感動を与えるには、普通の人があまり経験出来ない実体験や、時代や土地や登場人物の職業などに関する数多くの資料に基づいたものでなければ難しいことがよくわかった。

でも、素人の「時間つぶし的お遊び」「頭のリフレッシュ」程度の域でいいと自覚するなら、二千字から四千字ぐらいの短編小説も、その気になれば書けるのかなという手応えは感じられた、と自負しているところである。

10章　新聞の「巻頭エッセイ」を書く

いつの頃からだったか、非常に漠然としたものであったが、日経新聞夕刊一面に、経済界のトップなど有名人が交代で担当されているような巻頭エッセイを書けたらなあという夢を抱いていた。朝日の「天声人語」や産経の「産経抄」などは、新聞社内でも一、二のベテラン編集員が直接担当しているものであり、こちらは全く可能性のない「夢のまた夢」なので、日経のようなエッセイをいつの日か書けるチャンスはないものかと漠然と思い描いていたのだ。

それが、ある時、全く思いがけず、あっと言う間に実現してしまったのである。

今から思い起こしても、それこそ「夢」だったように思えてならない。

阪急百貨店の取締役に就任した年の十二月初めに突然、本当に何の前触れもなく突然に一通の手紙が自宅に届いた。

それは神戸新聞社からのもので、「神戸新聞の名物コーナーである巻頭エッセイ欄にあなたのエッセイをお願いしたい」という依頼状であり、翌一月から三月までの三ヶ月間に十人が交代で執筆、一人六、七本になるというものだった。

これには、「叶えられぬ夢が叶った」という喜びよりも、こんなことって本当にあるのかなあと驚き、あっけにとられてしまった。その時点では、他の九人の方の名前はまだ知らされていなかった（きっと未だ確定していなかったのだろう）し、何故私が選ばれたのかも教えてもらえなかった。

その当時は、東京に単身赴任し、東京の支店を担当していた時代であり、大晦日まで出勤、元旦の朝に飛行機で宝塚の自宅まで戻り二日の夕方にはまた東京に戻ってくるというようなハードな状態であった。しかし、お断りするのはあまりにももったいない話であり、一方で締切りも限られていることでもあり、ひとつだけ条件をつけて了承してしまった。「年末まで仕事があり、正月の二日からしか手がつけられないので順番を一番うしろに回してほしい」というお願いをしたのだ。それにしても今から思えば、その時点では全く見込みもなかったのに、よくまあ無謀に返答してしまったものだ。余程「夢」が勝手に飛び込んできたのが嬉しかったからだろう。

そんな事情があって書いたものが次の六本のエッセイである。当時の原文のまま書いてみる。もう十年以上も前の一九九二年暮れ、五十一歳の時のことだ。

宴のあと

小売業というモノ売り業をやっていると、バブル経済崩壊をみるにしてもすぐ個人消費の落ち込みという部分に目がいってしまうが、日常生活の中で私たちの身近なところにもバブルのツケがジワジワと浸透し始めてきているようだ。

散髪屋さんでは「今まで三週間おきに来てくれていた人の何割かが一ヶ月近くのタームに延ばしだした」ようだし、学生なんてバブルと無関係だと思っていたら、何のことはない、親父さんの会社の方が残業代カットやボーナスダウンで、結局は仕送り額が減り年末年始のスキー旅行をあきらめてアルバイトせざるを得なくなった。そんなことで昨年は学生アルバイトは供給過剰となり百貨店の人事担当者にはありがたい結果となった。

電車ぐらいはほとんど影響がないだろうと思っていたら、六ヶ月定期券購入者が三ヶ月定期に、一ヶ月定期券は回数券にという傾向が顕著に現れてきているという。

先日、東京都内のある消防署の署長さんが代わられたのでご挨拶に参上し、「民間と違ってこちらは不景気なんて関係ないからいいですね」と言ったら、意外な答えが返ってきた。消防署というのは当然のことながら私たちの税金で成り立っているのだが、今年はその主たる財源である企業の法人税が当初予想と大幅に狂う落ち込みようで、「今、上の方からは今期末に更新するはずだった救急車や消防車をもう二年先まで延ばして使うようにと指示されているんですよ」とのこと。

現在、七五三不況などと呼ばれているが、もしもその通り五年も七年も不景気が続くと、非常事態に電話しても「救急車が只今故障中で……」なんてことにもなりかねない。従来型の景気循環型不況ではなく、今回は数多くの業種で構造的な変化が出始めている。「じっと我慢していれば、いつかまたきっと」という、仏教の教えを継いでの日本人特有の輪廻思想から脱して、みんなが早くブレークスルーのキーを見つけ出したいものだ。

世の中不況でも

長期的な不景気や業績不振に陥ると、企業ではよく原点に戻れと言われる。小売業の場合は、結果として出てくる数字の分析をするよりもまずお客様の声を謙虚にヒヤリングしてみることによって、売り手側発想からは見えない生活者にとってはごくごく当たり前のことが改めてはっきりと見えてくることがよくある。

昨年の歳暮商戦を例にとると、全般的には極めて低調だったが、おせち料理の予約は出足からずっと好調だった。なかでも中華おせちが前年と比べて目立った伸びを示したのは意外だった。なぜ中華おせちなのかすぐに理解できず、お客様に聞いてみると、即答が返ってきた。「ウチでは毎年おばあちゃんが和風おせちをつくってくれるから、家でつくれない中華おせちを買うんです」と。

これは、われわれがモノを販売する時点でしか見ていないからであり、誰が買って、どんな食べ方、使い方をされているのかまでを思い描いていなかったからに過ぎない。

時代の流れとともに消費者の価値判断基準は変わるが、過去を振り返ってみると、一九七〇年代のメジャーは、「よい」か「悪い」か、あるいは「正しい」か「間違っている」かだった。それが、八〇年代のそれは、感性が前に出た女性的発想になり、「好き」か「嫌い」かに変わった。そして、九〇年代に入ると、自分や家族に「関係ある」か「関係ない」かが判断のモノサシに変わってきたと言われている。

昨年の郊外店での歳暮ギフトに例をとると、発送件数も単価も前年より落ち込んだのに、贈り先を見てみると興味ある結果が出ている。まず登場するのがお医者さん、二番目が子供の習い事や塾の先生、そして、何とその次に目につくのがお寺さんなのだ。現在のような出口のない不況下でも、日常生活の中で自分や家族を守ってくれたり助けてくれる、一番身近な「関係にある」人たちとのつながりだけは相変わらず大事にしているようだ。

共生のこころ

このところ、企業経営者や学者さんたちによる新聞紙上での対談記事などで、「共生の時代」という言葉をよく目にするようになった。社会や企業での男女共生や労使間の共生、メーカーと消費者の共生など、いろんな分野での共生がクローズアップされてきている。九〇年代は、従来とは相当異なる、新しいカタチでの対話やコミュニケーション、パートナーシップなどが要求されてくるだろう。

従来型の共生の例として、民間企業がよくスローガンとして掲げている「共存共栄」というのがある。これも今後は、ただ仲良しだけのベストフレンズにとどまらず、お互いがそれぞれの立場で創意・工夫を凝らし、努力を続け、ゲーム感覚で競い合いながら、ひとつの目標達成に向けて成長、発展していくという「競存共栄」をめざす、新しい共生関係を構築していくべきだろう。

また、今までのように、互いに儲けることだけを目的とした「共利の関係」から、今後はまずお互いの価値観を同じくし、そして、痛みも喜びも共に感じ合える「共感の時代」へと、次第に移っていくと考えられる。

このような、企業や人との共生だけでなく、環境保全や動物愛護にみられるように、ヒトと自然、ヒトと動植物との間の共生も、これからは当然見直されてくることになる。

私が東京・大井阪急の店長をしている関係で、大井町活性化協議会の副会長もやらされているが、この会でＪＲ大井町駅周辺の街路樹に豆電球をつけてのライトアップ作戦を計画した時のことだ。終夜点灯の許可をとりに大井警察に伺ったら、こんな答えが返ってきた。

「木だって生きものなんですよ。夜十二時を過ぎたら静かに眠らせてやって下さいよ」

おカタイはずの警察官からこう言われた時、こんなやさしい思いやりこそが、これからの「共生の時代」を本格的に育てあげていくベースになるのではないかと思った。

商売繁盛

阪急百貨店本店で家庭用品売場を担当していた時、毎年末・年始になると登場する招き猫に、右手をあげているものと左手で招いている猫と両方あるのに気がついた。一体どちらが元祖招き猫かと、何軒かの雑貨屋さんや京都のみやげもの屋をのぞいて歩いたり、陶器問屋に尋ねてみたが、結局その時は確たる答えを得られなかった。

その後、見つけた文献によると、いくつかの寺に招き猫伝説というのが残っているのがわかった。どれが正しいのかは判断しかねるが、その中で、東京世田谷の豪徳寺に伝わるものが一番筋が通っているように思われる。

その昔、狩りの帰途、激しいにわか雨に見舞われた大名を、住職が飼っていた猫が同寺に招き入れ、それが縁で貧乏寺が莫大な寄進を受け、一躍裕福な寺になったという説である。この大名、井伊直孝を招き入れた猫を葬った塚が同寺に残っており、本堂の前には大小さまざまな招き猫が置かれていて、すべてが右手をあげている。しかし、この豪徳寺以外の同様の伝説の猫はほとんどが左手をあげている。その後の調査の結果、右手をあげているのは福を招き、左手をあげているのは客を招くというのが大方の通説だとわかった。

さて、昨年は各界での不祥事勃発により、それまで推し進められてきた売上げ至上主義からの転換が叫ばれているが、こうなるとすぐもう一方の目標である利益志向を目指そうということになりがちである。私企業では当然最終的には収益向上を目的とすべきであるが、それはあくまで結果であり、とくに商売に携わる者にとっては、まず「繁盛志向」を目指すべきではないか。そして、このベースになるのは、にぎわいと評判である。

百貨店にとっても、どんなに豪華なディスプレイよりも、にぎわうお客様の背中に勝るものはない。店全体が、商品や環境面で名物、名所づくりを心がけるとともに、サービスも含めての「招き猫」要素を数多くつくることが商売繁盛につながっていくのではないか。

春眠暁を……

春眠暁を覚えず
処々啼鳥を聞く
夜来風雨の声
花落つること知んぬ多少ぞ

唐の詩人孟浩然の有名な詩「春暁」の一節である。春の眠りというのは、暑からず寒すぎもせず大変心地よいものであり、ついつい夜が明けるのも気付かぬことが多い。徐々に目が覚めてくると、あちこちから小鳥のさえずりが聞こえてくる。昨夜来の雨は強く、庭の花はどれ程散ってしまったことかと思いはせつつ、まだ床の中でうつらうつらしている、とまあこんな意味の詩である。

ところで、眠りには夢がつきものだが、古代の人たちは、この夢を神のお告げと信じていたようだ。現代でもまだまだほとんど解明されていない「夢の世界」は、古代の人にとってはそれこそ超不思議な現象であり、「夢告」とか「神託」などと考えられていたのだ。

奈良時代のころか、天皇が夢を見るための、即ち、神からのお告げを受けるための「神床」という特別な床が設けられており、天皇はそこで見た夢に従って政治を司っていたとも言われている。聖徳太子が瞑想にふけったり執筆するためにこもったとされる夢殿も、この神床と同様のものだったのだろう。

これに対して、長期間にわたる右肩上がりの高度成長神話に慣れきってしまった私たちは、時代の流れ、事業環境の構造的変化が顕著に現れてきているにもかかわらず、今なお見果てぬ夢を見続けようと、「現代の夢殿」に閉じこもりたがっているのではないか。あてのない夢を次々と先送りし、「夢の見切り」のタイミングを失っているように思えてならない。長い長い「春眠」のあとにはつらい暁が待っているかもしれないが、また新しい夢を見られる日は必ずやってくるだろう。

もうひとつのＣＩ

街というのは、その都市が持つ機能やそこに住む人たち、そして長年培われてきた伝統と歴史の中で特有の個性やイメージが形成されるが、それも環境変化や時代の流れとともに少しずつ変化していくものだろう。

数年前だったろうか、阪急百貨店の神戸ハーバーランド進出が決まったあと、具体的な店づくりに入る前に、街のイメージ調査を行ったことがある。対象は神戸市内の学校の卒業生から東京在住の方まで男女約二百名で、横浜、京都、大阪と比べての神戸という街のイメージヒヤリングだ。それぞれの都市を色に例えるとどんな色か、また季節なら、花なら、車ならどんなイメージを持っているのかなどを尋ねてみたのだ。

色では、京都はパープル、大阪が赤に対して横浜と神戸は圧倒的にブルーと、ほぼ予想どおりの結果だったが、一番面白かったのは車に例えてのイメージだった。横浜と神戸両都市がともにＢＭＷだったのに対して、京都、大阪ともにクラウンが一位になった。ところが二位に相当な開きが見られた。大阪の二位は何と貨物トラック、京都が人力車と出たのに対し、神戸の二位はベンツ、三位がアウディだった。いくら商都大阪とは言え、二位が貨物トラックでは、やはり思い切った街のイメージアップ作戦が必要になってくるのではないか。

この二十年ぐらいの間に、企業は何十周年かの記念を機に、イメージチェンジ＆統一化を図ってのＣＩ導入が盛んになってきた。企業だけでなく、最近では横浜市の本牧神社までがオーストラリアのデザイナーに依頼してのモダンなロゴマーク導入を発表しているのを見ると日本の各県や都市がこぞってコーポレートアイデンティティならぬ、シティアイデンティティという、もうひとつのＣＩ導入を競うようになってくる気がする。

そうなると、「商人の港」という意のコペンハーゲンのように、さしずめ港町神戸なら、国際的にも一目瞭然のＣＯ—ＢＡＹなどとしてみたらどうだろう。

以上六本が、神戸新聞の巻頭エッセイ欄に頼まれて書いたものである。今から十数年前の一九九三年、あらゆる分野にバブルのツケが急速に浸透し始めた頃のことである。

いま改めて読み直してみると、商売での取り組み方や環境問題などについては、今も変わるところはないし、「共生」という言葉は福田前総理の就任時のスローガンとしても使われている。最後の「もうひとつのＣＩ」は、この間（三ヶ月交代）のグループでは私の順を一番おしまいにしてほしいと頼んでいたので、結果的に三月三十一日のオオトリを飾ることになってしまった。そんなことで、神戸新聞さんに対しても何らかの提案になるものはないかと考えて、こういう内容でしめくくることにした。

この記事が掲載されたあと、貨物トラックのことが気になったのか、大阪市の観光担当者から、もっと詳しいアンケート結果を教えてほしいとの要望があった。それから十数年以上経ち、現在どう変わったのかは別として、自分が初めて書いたものが、そういうカタチで多少は役立っていたということは嬉しいし、同じイメージ調査を今もう一度やってみたら、どんな結果になるのだろうと想像してみると楽しくなってくる。

しかし、あっと言う間にやってくる次の締め切りに追いかけられ必死になって書いていた頃は、きっと字数合わせに苦慮しただろうし、たった六本書き上げるだけでネタは尽きストレスがたまってもうクタクタになってしまったことを思い出すと、いくらプロとは言え、作家さんの創造力と想像力の奥深さと、体力、気力には改めて感心してしまう。

11章　ひとつのテーマを探求、深耕する

自分が関心、興味を抱いているもののなかから、ひとつのテーマを選び出し、それに絞り込んで十分な時間をかけて探求、深耕していき、自分なりに納得出来る成果として仕上げてみる。これは決して学術研究といった本格的なものではなく、あくまで趣味レベルのお楽しみであり、五十代後半から七十代半ばぐらいまでのオフタイムの頭のリフレッシュ的活用法だと捉えてやってみると面白い。もう少し具体的に述べてみると、自分がとくに興味を持っている歴史上の人物であるとか、ある限られた特定の時代（例えば、華やかだった元禄の次の時代）のみに集中して取り上げるとか、ひとつのモノ、場所や日本独自の生活習慣とかにこだわって探求、深耕していくわけである。ひとつのテーマについて仕上げるまでの期間は、最初は二年間ぐらいに限定しておいた方が区切りのメドがつき、まとめあげるのにも最適かと思う。またそうすることにより次のテーマを深耕しやすくなり、いくつかのテーマに挑戦出来る楽しみが増えていくだろう。

ちなみに、こういう「一テーマ深耕」作業のことを名付けるなら、どう言えばいいのかと、欧州駐在を経験した友人に尋ねてみた。彼の達者な?・英語力から生まれたのが、Subject Cultivating である。こうやって自分がチャレンジしていこうとする新しい作業に「新語」を創り出してしまうと楽しみも倍増してくる。ライフワークというような大ゲサで本格的なものではないから、自分が出来る範囲で気軽に取り組んでいけばよい。そして、このケースでも、「文科系」的な取り組みで進めていけばよいのだ。まとめかたもエッセイ風でいいではないか。

では、まずひとつのテーマを完結させたものがあるので、次に紹介してみよう。

日本は「松の国」?

五十代後半の頃だったか、何年かぶりで天橋立に行った時のことだ。立ち入ったらすぐのところに碑があり、「ここは日本三景のひとつ」と書かれているのを見て、松島、厳島と並びここ天橋立が「日本三景」と呼ばれ、古来より貴族を始め、文人から武士に至るまで多くの人が訪れ、今なお旅行客らに親しまれているのを改めて思い起こしてみた。そして同時に、ハッと気付いたのだ。日本には富士山を始め名山や美しい川、湖などが数多くあるのに、何故この三ヶ所だけが「日本三景」として選ばれたのだろう。更に、この三景のすべてが「海」景色であり、しかも「松」が主役という共通点があることに改めて気付いたのだ。そうなると、日本の国花は桜であるが、本当は、日本は「松の国」だったのではないかと、どんどん思い馳せていき、それなら古来からの日々の暮らしの中での日本人と松の関係、松が文化に及ぼした影響、小説のなかに登場する松などと、「松」をひとつのテーマとして取り上げ、前述のような手法での探求、深耕を、まずはここからスタートしてみたいと思い至ったのである。

日本三景での「松」

テーマを決めて探求を進めていくうちには予想もしないラッキーな出会いもあるもので、二〇〇五年秋に京都でまさしく「日本三景」展というのが開催されたので、喜び勇んで出かけてみた。

それによると、この「日本三景」というのは、江戸時代の儒学者林鵞峰が「日本国事跡考」のなかで「日本三景の一」と書いたため「日本三景」という言葉が一人歩きし始めたらしい。江戸時代後半になると、歌川広重らの浮世絵版画の風景としても取り上げられたため、次第に庶民のあこがれの旅の先として人気を博していった。三景の「海と松」の風景は、ここを浄土と重ね合わせためでたい場所として捉えた仏画も多く残っているが、私たちのよく知るところでも、雪舟や東山魁夷らの作品などにも見られ、古来から日本人の心のふるさととして親しまれてきたのがわかる。

「松」が主役の、日本の正月

年の始めの例《ためし》とて
終わりなき世のめでたさを
松竹立てて門ごとに
祝う今日こそ楽しけれ

もう今の子供達はこんな歌は歌わないのだろうが、昔はお正月の定番的な唱歌だった。

正月を祝う間を「松の内」と呼び、通常「松七日」と言って七日までを、京都など関西では十五日までを正月としていたが、いずれにしろ、古来松は日本の正月の主役であり、門松を媒体役として年神を家に迎えることが出来たのだろう。門松の由来については、中国唐代の正月に松の枝を門に飾った風習が日本に渡来したとも言われているが、諸説あるようで、奈良・春日大社の若宮おん祭の際、御旅所の神殿前に立てられる「植松」というのもそのひとつである。神殿そのものが棟木、柱、桁はもちろん、屋根までも松葉葺きというようにすべて松のみで造られており、十二月十七日の真夜中に若宮祭神がご遷幸になると同時に神殿前の両側に盛られた白砂に、高さ約一メートルの若松が神官によって立てられる。この植松が、門松の原型とも考えられる。

また古典では、鎌倉前期の歌人である鴨長明の『四季物語』の中には、「松はいつもみあれ山より奉れり、松竹をたてる事」という風習は欽明天皇(六世紀中期の天皇)の頃に始まると記されている。さらに、平安末期に刊行された『梁塵秘抄』の今様春歌の始めに次のような歌詞が見られる。

新春春くれば門に松こそ立てりけり松は祝いのものなれば君が命ぞ長からん

このような文献から察するに、平安朝の中頃には既に門松を立てる風習があったことになる。この時代はまだきっと上層階級のみの風習であったと思われるが、兼好法師が『徒然草』の中で、

大路のさま松立てわたしてはなやかにうれしげなるこそまたあわれなれ

と元旦の都大路の様子を書いているように、鎌倉時代になると正月の門松の風習は一般庶民にも広がり、それが今なお引き継がれてきているのだろう。

この正月の松飾りについては、前日の大晦日に飾ることを忌み、松を山から取ってくる「松迎え」とか「お松曳き」と呼ばれる行事は十二月十三日、つまり正月の行事を始める「事始め」の日に行っていた。

不思議に思うことだが、宮中には門松はなく、一部の神社にも門松の風習が取り入れられていないという。東京・府中市の氏神様である大国魂神社の境内には松が一本もない。これは昔々、大国魂神がこの地に降臨した折、同行した八幡大神が鎮座地をさがしに出かけた。それが、待てども待てども戻ってこない八幡大神に業を煮やした大国魂神は、降臨した地を鎮座地とされた。余程腹ワタが煮えくり返っていたのだろう、「待つ」を「松」と見なし、それからは大国魂神は大の松嫌いになったという。こういう故事から、氏子たちはいつまでも門松は松抜きの、竹だけの「門松」を立てているという。一度現地に行って確かめてみたいものだ。

中国人と松

松を食べて仙人になったという話が、昔の中国の書物にはよく登場する。「列仙伝」や「神仙人」「本草集注」などがその代表であるが、導師に松を食べることを教えられ、飢えも凍えもしなくなり身は空を飛ぶように軽くなった者、若い頃里山で松の実などを採って常食としていたため数百歳まで若さを保っていた者、松脂を食べて不老になった者、松を食べて仙人になった者などの話が次から次へと紹介されている。

また孔子は「歳寒うして、然して後、松柏の後に凋れるを知る也」と、寒い冬の霜や雪をしのぎ、緑を保ちつづける節操のかたさを讃えている。松は千年もの寿命を持ち百木の長とされ、中国では祝慶を象徴する樹として用いられていたのだ。

ちなみに、韓国では松の実が仙薬とされ、日本でも松葉酒があるのも、こういった中国人の松に対する考え方が渡来してきたのだろうし、事実日本においても、松はめでたい縁起の良い樹のトップとして評価されている。

中国では、現代でも早朝の公園に行くと、老若男女が松の木の下で昔ながらの太極拳をやっているシーンにでくわす。中国全土では数え切れないほど多くの人たちが太極拳で鋭気を養っているわけだが、オーバーに言えば、この国の発展は松など緑の放つ「気」のパワーに負うところが大きいのではないかと思えてしまう。

松の折り枝の習慣

平安時代の王朝貴族の間では、贈り物をする際に豪華な布で包み、折り枝に結びつけて渡すという習慣があった。この折り枝を使うという季節をみると、春が最も多く、ついで冬、そして秋。夏は最も少ないとされていた。

クーラーもない時代、京都の夏の暑さは格別であり、手紙のやりとりや贈り物どころではなかったのかもしれない。その反動なのか、秋風が吹き出すと人恋しくなり始め、手紙や贈り物のやりとりも盛んになってきて、そのまま木枯らしが吹く冬に突入。ところが、冬には折り枝にする花木は見当たらず、自ずから冬の寒さに耐える緑の清々しい松が選ばれたとみるのが正解ではないか。

『枕草子』にも、「雪のいとおほく降りたる」日に、「あをき紙の松につけたると置きて」という、松の折り枝のシーンが見られる。

松がつくる明かり

我が国においては、提灯《ちょうちん》が登場するまでの時代の夜の照明道具といえば松明だった。樹脂をたっぷりと含んだ肥松の根を小さく割って束ねたものに火をつける、「たいまつ」である。「松の明かり」と書いて、松明《たいまつ》と読む。元は、「松を焚く」という動作の「焚き松」からきているのだろうが、漆黒の闇を明るく照らし出すものを「松明」という、心まで温まりそうな美しい字に創り上げた昔の人には頭が下がる思いだ。

平安時代の頃は、夜は百鬼横行の暗闇であり、庶民は家で寝るしかなかったのだが、ここに松明が登場すると、新しい夜の世界が広がることになる。『宇治拾遺物語』には、松を使って鹿を狩る猟師の話が出ている。松明を持って馬で駆け、獣をさがしあてるのである。林の中にいる獣は、突然自分に向けられた明るい光に驚いて立ち止まり、思わず猟師の方を見てしまう。その時、ふたつの目が光る。こうやって林の暗闇のなかで光るふたつの目を見つけることを「目を合わせる」と言い、猟師はその光の真ん中を狙って弓を引くと必ず仕留めることが出来たという。

松明を猟に使うのは山の中だけではなく、河川で魚を獲る時にも使われた。川風にも強い松明は、昔から鵜飼いにも使われ、現在にまで至っている。

現代の私たちが知るところでも、東大寺二月堂の「お水取り」の儀式にも、あの昔ながらの松明が登場する。このお水取りの火を代表する大松明には二種類あり、一つは、篭松明、もう一つは達陀《だったん》松明だ。篭松明は、長さ七メートル、重さ八十キロもあるが、これをかかえ長い階段を駆け上って二月堂へ入って行く時に焚かれる。この松明の燃えがらを参拝者が争って拾い、厄払いをするという信仰によるものだ。まあ、オリンピックの聖火も同じような意味を持っているのだろう。もう一つの達陀松明の方は、旧暦の二月一日から十四日間行われるお水取り行事の締めくくりを飾る最後の三日間に、悪霊を追い払うという「達陀の行法」の時に点火される。篭松明が「外への松明」であるのに対して、こちらの達陀松明の方は「内の松明」と捉えられている。

境界のシンボルとしての松

『出雲国風土記』の中に、「脳の磯《なつき》」と呼ばれる磯があって、そこから西の方に深い岩窟があり、これを越えると必ず死ぬと言われており、この境木として松があったとされている。此の世と黄泉《よみ》の国との境に松があるというのである。これは、「熊野観心寺十界曼荼羅図」の地獄の場面にも三途の川の橋のたもとにいる奪衣婆《だつえば》が、地獄にやってくる亡者たちの衣服をはぎとり、かけておく木が松として画かれている。

一方で、松というのは、神様が来臨すると言われることからすると、人の世界と神の世界との境に位置する木だとも言えるが、南蛮屏風絵の港の風景には波打ち際に必ずといっていいほど松が画かれているのは、日本国土との境としての役目を果たしているのだろうし、前述の地獄と現世との境界と同様に相対する二つの世界の境の木として松が捉えられていたということだ。

余談になるが、不浄を清める霊力を持つという、この松は出雲大社や平安神宮、厳島神社などの参道にも植えられているが、どういう訳か、神社ではクロマツが多く、寺ではアカマツが多いそうだ。

三鈷の松と三葉の松

いろんなところから役立つ情報を得ようとすると、こちらから常に広く網を張っておくべきだと実感したことがある。私が「二、三年がかりで松についての資料を集めている」

と、協力してくれそうな何人かに言いふらしておくと、次第に、また時々思い出したように集まってくるものだが、これもそのひとつの例だ。

三つの葉（針？）を持つ松がどこに行けば見られるのか探していたら、文学と散策好きの友人が、「それなら高野山にある」と教えてくれたので、二月の寒い日だったが早速探索に出かけてみた。高野山は深い雪に覆われていた。途中、お店の人や行き交う人に尋ねながら進んだのだが、聞くたびに何か違和感を感じていた。そして、最後に「あれがそうでしょう」と指さされた雪をかぶった松の木に向かって喜び勇んで走り寄った。しかし、それはどう見ても普通の松の葉だった。そう言えば、「この近くに『三葉の松』ってありますよね」と尋ねた時、ほとんどの人が変な顔をしていたのを思い出し、ここまで来て何と残念なこと、と悔しがりながら、帰り道で再度尋ねてみたら、「あれは『三鈷の松』と言うんですよ」と教えてくれた。

私の友人は「三葉の松」と「三鈷の松」とをどうも混同して教えてくれたようだ。肩を落として家に戻り、「三鈷の松」を調べてみた。それは、『雨月物語』のなかにあった。もう一千年以上も前、唐の長安で学んでおられた弘法大師が、この地で何か感動されることがあって、「この三鈷が行き着きとどまる所こそ、わが真言宗を発揚し広める神聖な土地である」と言って、遙か空の遠くへ投げられた。その三鈷は、果たして高野山にとどまったのである。壇上の御影堂の前にある三鈷の松こそ、その三鈷が落ちとどまったところと言われている。この話のとおり、これはまさに三鈷の松であって「三葉の松」ではないのだ。

それから半年ぐらい経った頃だろうか、今度は、親しくして頂いていた鎌倉の有名な寺の執事長の方から、「三葉の松を探しておられるのなら、それは京都・永観堂にあるから地図を添えて送ります」という嬉しい手紙が届いたのだ。友人ふたりを誘い、早速出かけてみた。回廊に取り囲まれた中庭のようなスペースに、見上げるのに余程首をまげなくてはならないぐらい巨大な一本杉のような松の木の古木がそびえ立っていた。途中まで全く枝がなく、葉がどうなっているのかわからず困っていたら、なかのひとりが突然、「この回廊の下近辺に葉が沢山落ちている」と言い出した。いい年をしたおっさん三人が、恥を承知で、「地面におちているものなら拾っていいだろう」と、一人が回廊から飛び降り、残る一人が廊下の曲がり角に番兵として立った。降りた仲間が十本ぐらいは落ち葉を拾い集めたので、手を差し伸べて引き上げた。見ると、確かに「三葉」だった。

喜び勇んで三人は「三葉の松」をふところに隠し持ち、出口兼受付のようなところへ行き、とぼけて聞いてみた。

「ここに三葉の松というのがあると聞いたのですが、その葉はここで売っていないのですか」と尋ねると、受付の年配の女性は黙って体をひねり、後ろの引き出しから、何と三葉の松をつかみ取り、我々の方に無造作に差し出してくれたのだ。

私は、思わず、「おいくらでしょうか」と尋ねると、「無料で差し上げています」と言われ、突然気が抜けてしまった。何でコソコソとあんな苦労?をしたのかと反省しながら帰りかけた我々の背中に、「玄関の内側の柱に貼っておいたら、幸運が来ると言われてますよ」という彼女の声が届いてきた。

（後日談）最近久しぶりに永観堂に行ってみたら、工事中でもあったためか、全く様相が変わっていた。この三葉の松も、本堂を出た拝観料の受付入り口の左手に売店が出来ていて、その柱に大きく「三鈷の松あります」と表示されていた。おかしいなあ。史料によると、三鈷の松は高野山が本命。他の史料でも、高野山のほかには、東寺と土佐室生戸山ぐらいなのに……。「三鈷」と「三葉」が混同されているようだ。また調べてみよう。

古典芸能や文学に観る松

私たちがすぐ頭に思い浮かべるのは、能舞台の背景としての老松である。この能舞台の鏡板に老松が画かれるようになったのは奈良春日大社での野外能が、一の鳥居の横にある影向松《ようごうのまつ》の前で行われたところからきたと伝えられている。そして、豊臣秀吉が桃山城を建造した際に城内に能舞台を設け、そこに影向松を画かせたのが始まりだと言われている。読みかじり、聞きかじりで続けて言うと、時代が移り、能から歌舞伎にも「松羽目物」として、「勧進帳」「老松」「土蜘蛛」「三番艘」などが松をバックとして演じられていた。もっと遡ると、『古事記』や『日本書紀』『常陸国風土記』などにも松が数多く登場している。

清少納言の『枕草子』の中で松が取り上げられている一節でよく引用されるのは、次の二ヶ所である。

花の木ならぬはかへで。かつら。五葉。

花が美しいという木ではないが、かえで、かつら、五葉の松を、彼女は花の木と見立てていたのだろうか。

絵にかきまさりするもの。松の木。秋の野。山里。山路。

移りゆく四季の美しさの中で、絵として画いて見て見栄えよく仕上がるものの代表として、まず一番目は松であるとしているところが面白い。

『後拾遺』のなかには、「君が植えし松ばかりこそ残りけれいずれの春の子の日なりけむ」という歌がある。お正月を過ぎて始めての「子《ね》の日」に、当時の公家から庶民までもが、山に入り、小松を引き抜いてきて植える風習があったのだが、この歌は、「自分の家の庭には、あなたが採ってきて植えてくれた『子の日の松』だけが今でも青々と残っているが、あれは何年前の春のことだったのだろう」という郷愁というか感傷を表しているものだ。

紫式部も『源氏物語』の中に、よく松を登場させている。「八月廿余日宵過ぐるまで待たるる月の心もとなきに星の光ばかりさやけく松のこずえ吹く風のおと心ぼそく……」と、さすがにロマンチックなシーンを思い起こさせる。

『徒然草』には、「家にありたき木は、松、桜。松は五葉もよし」と、清少納言と同じように五葉の松を好んで捉えている。

もちろん、俳句にもよく取り上げられている。「松のことは松に習え、竹のことは竹に習え」と言った松尾芭蕉の松の句では、

松植えて竹の欲しさよ秋の風
辛崎の松は花よりおぼろにて
松風や軒をめぐりて秋暮れぬ

などが有名であるが、他の俳人にも松の句が多く見られる。

行く秋や独身をもむ松の声　千代女

名月やたたみの上の松の影　其角

線香の灰やこぼれて松の花　蕪村

これらの句では、男性的で強いイメージの松ではなく、むしろ「やさしさ」や「清楚でエレガント」な部分を捉えている。

司馬遼太郎の『街道をゆく』のなかの山形・上山《かみのやま》の部でも赤松林について語られるシーンが出てくるし、立原正秋の「夢は枯れ野を」では、こだわりの作庭家が松の植え方の秘伝を披露する場面が出てきたりと、小説のなかにも「松」が重要な役割を果たす脇役として登場する印象的なシーンが見られるが、ここでは長くなってしまうので資料としてストックしておきたい。

時代は大きく飛んで、小泉元首相が施政方針演説の中で紹介した昭和天皇が詠まれた歌は、すごく感動的なものだった。

ふりつもる深雪に耐えて色かえぬ松ぞ雄々しき人もかくあれ

これは、終戦後、半年も経っていない昭和二十一年の歌会始めで詠まれたものであり、「雪の降る厳しい冬の寒さに耐えて、青々と成長する松のように、人々も雄々しくありたい」という願いをこめられたものだが、この心意気がその後の日本の復活～高度成長につながる原動力になったのかも知れない。こういうエピソードに接すると、やはり「日本は松の国」であり、「松は、日本人に活力を与えてくれる力の源」だと思えてくる。

逆に考えると、株式や不動産のマネーバブル崩壊から現在に至る元気のない状況は、華やかで心まで溶かしてしまう「日本の桜」に、日本人全体がうかれ酔いしれてしまった結果だったとも言えるだろう。

サブプライムローンを始め、ねじれ国会やらＪＡＰＡｉＮ問題などからか、最近「崩れゆく日本」とか「日本の将来は大丈夫か」というような本が書店に並んでいるのを見ると、やはり「日本は、松の国」なんだと、今こそ改めて松の雄々しさやパワーを見直し、深く学んでいくべきではないだろうか。

12章　文科系人間の究極の楽しみ——絶筆の続編を「模作」する

「文科系」人間にとってのリタイア後の究極のお楽しみにはどんなものがあるのか、と考えてみた。それも、これまで誰もやっていないことにチャレンジしてみたい。

私が出した結論から先に言うと、有名作家で絶筆となった小説の続編を自分で書いてみることではないか、と考えるに至った。

まずは、その作家の文章の書き方のクセを知り尽くすために何度も何度もその作品を読み直し、彼の発想の原点を見抜き、そして新しい展開を考え出していく。もちろん、作家や出版社の著作権の問題もあり、これを本として販売することは出来ないので、あくまで「自分だけの密やかな楽しみ」としてである。

ゴッホが広重の浮世絵の構図や色使いをまるで写し取ったようにマネして作品に仕上げているが、こちらは、もう一歩進んだ「絶筆の続編」を「創作」するのだ。

もともと「学ぶ」の語源は「まねぶ」から来ているらしいが、敬服する大作家のファン心理を現実のカタチとして創り上げていく。ということは、書かれた文章をそのまま借用する、いわゆる「盗作」でもなく、ゴッホのような「模写」とも違う、小説の続編の「模作」とでもいうことになるのだろうか。

というようなことで、私がまず手始めに選んだのが、大ファンである池波正太郎さんの「仕掛け人・藤枝梅安」シリーズだ。このシリーズ第七巻『梅安冬時雨』が「襲撃」の項で「絶筆」となっているので、その続編の模作に挑戦してみようと、思い至ったのである。

プライベートでこんな密やかな楽しみを私だけが実践するにとどまらず、池波さんのファンのひとりとしての私の本音の望みは、山本一力さんや佐伯泰英さんら時代小説の人気作家ら数人に依頼して、これと同様にシリーズの絶筆の続編を競作してもらえるよう、出版社が新企画を立て是非実現させていただきたいものだ。そうすれば、大勢の梅安ファンが大喝采するだろうし、私にとってはこれにすぐる喜びはない。

では、前置きが長くなってしまったが、ど素人の私が、現役リタイア後の「究極の時間活用法」として、「襲撃」の項の続編の「模作」にチャレンジさせていただく。

題して、「寒明《かんあけ》」。「仕掛け人・藤枝梅安」シリーズ第七巻『梅安冬時雨』の「襲撃」の続項として。

寒明

彦次郎《ひこじろう》は、小石川音羽九丁目の料理屋・吉田屋の奥の間で、音羽《おとわ》の半右衛門《はんえもん》と酒をくみかわしていた。ここは半右衛門が主人の店である。三日前に半右衛門からつなぎが入り、彦次郎は、ここにやってきたのだ。

庭には松や楓、欅、桐の木まであり、四季折々の花では、いまは山茶花がひっそりと咲いており、半右衛門好みのたたずまいとなっている。

陽が少しかげってきた。風も出てきたようだ。彦次郎は風の音につられて、庭の木々に目をやって言った。

「半右衛門さん、いま気づいたんだが、庭の風情が何となく変わったような気がするが」

「ほおう、さすが、ふさ楊枝づくりでは天下一品の彦さん、よく気づきなさった」

「そうは言ったものの、自分でもよくわからねえ。どこがどう違うのか」

「これまでずっと頼んでいた植六《うえろく》の頭《かしら》が腰を痛めちまってね。相当長引くってんで、仕方なく慈照院さんにも出入りしている植甚《うえじん》に来てもらったのさ」

半右衛門は、続けて悔しそうに言う。

「彦さん、植木屋が代わると、枝の剪定の仕方が変わるというのではなしに、木の方が植木屋を選ぶのさ。木との相性が全く合っていなかったんだろうね」

彦次郎は一気に飲み干し、気にしていたことを聞いてみた。

「ところで半右衛門さん、私に何か言いたいことがありなさったんでは……」

「お前さん、もう待てないね」

全くその通りである。じっと待っている場合ではない。今や仕掛け人が、逆に仕掛けの対象になってしまっているのだ。梅安《ばいあん》や音羽の半右衛門にとっては、まさにそのような状況であった。しかも、それがかれこれ一年近くも続いている。

つい先日も、白子屋菊右衛門《しらこやきくえもん》亡き後の縄張りを一手に握った、切畑の駒吉《きりはたのこまきち》が雇った浪人三人に、半右衛門宅が襲《おそ》われ、五人が殺されてしまった。半右衛門は、その時宿《やど》におらず運良く難を逃れたのだが……。

「彦さん、もう待ってられない」。半右衛門は同じ言葉を二度吐いた。

「殺《や》ろうじゃないか。まずは、梅安さんを狙い続けている三浦《みうら》の十蔵《じゅうぞう》とかいう浪人を仕掛けよう。彦さん、ちょっと耳を……」

彦次郎は半右衛門に顔を近づけ、「あっ」と声をあげてしまった。そんな仕掛けは思いもつかなかったのだ。

一

彦次郎は、音羽の半右衛門宅からの帰りに、早速按摩《あんま》の竹の市を訪ねてみることにした。駒吉が梅安殺しのために雇っている浪人のなかでも、一番腕の立つのが三浦十蔵だが、その十蔵がやみつきになっている按摩が竹の市なのだ。

うまい具合に竹の市は家にいて、ひとりの客の治療を終えたところだった。着物の前を直しながら出てきた、いかにも大店《おおだな》の主《あるじ》と思われる男が、「竹の市さんの按摩は身体の芯まで癒してくれる。ありがたやありがたや」と治療費をはずみながら、笑顔で帰っていった。

彦次郎は、土間から穏やかに声をかける。「竹の市さん、また来てしまいましたよ」もうそれだけで、竹の市には誰だかわかるようだ。

竹の市に背中を揉んでもらって四半時《しはんとき》（約三十分）ほど経った頃、彦次郎はもういいだろうと、突然思い出したように聞いてみる。

「ところで、いつか話してくれた、お前さんがいなくてはもうやっていけないという、例の剣術使いの御浪人さんは、その後どうしてなさるね」

「よく聞いてくださいました。三浦さんのことですね。もう四、五日とおかずお呼びがかかるんですよ。本当に喜んでくださいましてね。このごろはすっかり安心なさっているのか、按摩を始めるとすぐに眠ってしまわれます」

「今はどこまで行ってなさる」。危険かと思ったが、尋ねてみた。

「芝の新銭座の宿屋《八百屋宗七《やおやそうひち》》方に参ります。断っても断っても、金のことは心配するなと言いなさって、いつも駕籠《かご》を寄越してくださるんです」

何のためらいもなく、竹の市は答えてくれた。それだけ彦次郎には気を許してくれている。これも、彦次郎のとっつきやすい人柄がそうさせるのだろう。続けて、聞く。

「四、五日おきに行きなさるというと、またすぐに……」

「次は明後日の夕刻です。迎えの駕籠が来る度に恐縮しますよ。ありがたいお方です」

これを聞いて、彦次郎は、「この、またとない機会を逃すものか」。そう決意していた。

二

梅安は、このところずっと、もとは香具師《やし》の元締《もとじめ》であり今は百姓になりきっている、萱《かや》野《の》の亀右衛門《かめえもん》宅に滞在している。そこから、間もなく完成する中目黒の新築工事現場との間を行ったり来たりして、品川台町の家には時々思い出したようにしか戻って来ない。

彦次郎は、梅安の代わりに指圧や按摩をやることもあるが、このところ出かけることが多い。

そんなことで、今日も、梅安宅には小杉十五郎《こすぎじゅうごろう》がひとり留守番がてら寝転んでいた。

そこに、風呂から掃除、食事までを通いで頼んでいる、おせき婆さんの老夫・茂兵衛《もへえ》が、ひとりの若い娘を連れてやってきた。小杉十五郎も、この茂兵衛とは一度ここ梅安宅で会っており、顔なじみだ。

「あれ、お侍さま。梅安先生はお留守ですかえ」

もともと口数が少ない上に、どうも女には無関心に見える小杉十五郎が、ぶっきらぼうに尋ねる。

「なんだ、その若い娘は」

茂兵衛は、怒られたのかと思い、半歩身を引きながら答える。

「話せば長くなりやすので、事情をかいつまんで申しますだ、お侍さま。婆さんが荒っぽい大八車《だいはちぐるま》にひっかけられて、足の骨を折る大けがをしてしまいやした。道端に放り出されて立てなくなった婆さんを、この親切な娘さんが、おぶって医者に連れてってくださり、家へまでも送ってくんなさった」

どれだけ要領よく話せばいいのか、迷い困った爺さんは、頭をひねりながら続けた。

「話を聞くと、この娘さんにもいろいろ事情があり、これも何かのご縁かと思い、結局うちの家にしばらくいてもらうことになりやした。それが親切だけでなく、この娘さん、かえでさんと言いなさるんじゃが、婆さんの三倍ぐらいの速さで何でもこなしてくれて、大助かりなんでよ。それで、梅安先生のお手伝いも、しばらくこのかえでさんにやってもらおうと思い、連れて来たわけで……」

面倒くさそうに聞いていた小杉十五郎は、娘が顔をあげ、にっこり笑いながらもじっとこちらの目をみつめ、「先生にはまた改めてご挨拶に参上致しますが、お侍さまも何卒お引き回しの程よろしくお願い申し上げます」と、武家娘のような言葉遣いで挨拶されると、すぐには何も言えないぐらい緊張している自分に、驚いてしまった。こんなことは、道場の師範にも推挙されたほどの剣豪・小杉十五郎にとっては、始めて湧き上がってきた感情だった。

その日の夕刻になって、彦次郎は、野菜と豆腐をぶらさげて、梅安宅に戻ってきた。

小杉十五郎は、何となくそわそわ落ち着かない状態だったが、彦次郎には気づかれなかったようだ。

その彦次郎自身が、何かを思い詰め、いつになく引き締まった顔つきだったからだろう。

いつもの如く、豆腐を入れた鍋料理をこしらえた彦次郎は、独り言のように言ったものだ。

「小杉さんも、これまで私の好きな豆腐づくしの毎日に、よくもまあ我慢してつきあってくだすった」

「まあ、そんなことはいい。それにしても、突然どこかに消えてしまうような言い草ではないか。何かあったのか、彦さん」

「ちょっとばかし考えることがあってね。それより私は、こうやって小杉さんに飯をつくってあげられるのが、嬉しいのさ」

その翌日、夜も相当更けてから、彦次郎がそっと戸をあけて出て行き、一刻(約二時間)ほどしてまた忍び足で戻ってきたのを、小杉十五郎は寝床で感じ取っていた。

そして、また次の日の昼過ぎになって、風呂敷包みを持った彦次郎は、「ちょっと出てきますよ。今夜は晩飯は作れませんので、居酒屋へでも行っておくんなさい」と言い残して出かけて行ったのだ。

「彦さんは、何かやろうとしている」

小杉十五郎は、そう読んでいた。

三

日がだいぶ西の方に傾きかけた頃、竹の市の家の近くに、彦次郎の姿を見ることが出来る。迎えの駕籠がやってくるのを、見届けようと待っているのだろう。

一刻ほどして、威勢の良い駕籠が、竹の市の家の前にとまるのを確かめた彦次郎は、韋駄天の如く走りだした。賢明な読者の方はもうお気づきのことだろう。目指すは、三浦十蔵の宿である「八百屋宗七」方だ。

道行く人の姿が見えにくくなる、と言われる逢魔《おうま》が刻《どき》だが、周囲を見渡し、誰もいないのを確かめた彦次郎は、十蔵の宿の塀をひょいと乗り越え、枝を伸ばしている松の木に縄をかけて、するすると屋根の上に降り立った。それから、しばらくして、竹の市の駕籠がやってきた。

同じ頃、梅安は、久しぶりに品川台町の自宅に戻ってきた。以前は、梅安宅の手前にあたる雉子《きじ》の宮《みや》の門前に茶店を出していた、駒吉一家の見張りはもういない。梅安の手をわずらわすことなく、小杉十五郎と彦次郎が気づき、消してしまったからだ。

「これはこれは、梅安どの、お久しぶりでござる」

「それでは、私の方が、小杉さんを訪ねてきたようだ」

「おう、これは失礼つかまつった。許してくれ」

「いや、そういう意味ではないんですよ。むしろ、逆でね。私のいない間、この家を守ってもらって、ありがたいと思っている。

それより何より、小杉さんが、やっとこの家を自分の家のように感じてくだすっている、そう思うと、それが嬉しいんですよ。小杉さんには、もう殺しをやってほしくない。静かな毎日を送ってほしいのです」

梅安は心から、そう言ったのだ。

梅安と小杉十五郎が、干物で酒を酌み交わしている頃、竹の市が三浦十蔵への按摩を始めて、四半時ほど経っていた。

屋根裏から忍び込んだ彦次郎は、天板をそっとはずし取った。

そして、部屋を覗き込んだ彦次郎は、ヒヤリとした。何と、竹の市がじっとこちらを見上げていたのだ。

盲目の人は、通常の者より、ちょっとした音や空気の変化に敏感であるというが、それでも身体中に冷や汗が吹き出した。

あとになって、この時のことを彦次郎は思い起こし、「あの時、ふたりは互いの目をじっと見つめ合っていたような気がする。それは、ほんの一瞬のことであったのかもしれないが、私には長い時間、そうしていたように思えてならない」と語ったものだ。

その竹の市とは反対に、三浦十蔵は、軽いいびきをかいて眠っていた。

冷や汗が、更に冷たくなっていくのを感じながら、彦次郎は、得意とする吹き矢を口にくわえ、体勢を整えた。

竹の市は、うつぶせに寝ている十蔵の背中を終え、自らの頭をずらし、太ももへ両手を移動させて揉み始めた。

この機会を待っていた彦次郎は、狙いを定め、惑うことなく、一気に矢を吹いた。

矢は一条の光芒が尾を引いて走り、瞬時に十蔵の延髄に奥深くささった。この時、十蔵の首が一瞬持ち上げられたようにも見えたが、声は全く発せられなかった。それほど、彦次郎の吹き矢の技は冴えていた。

竹の市は、十蔵の変化を感じ取ったのだろう。「三浦さま、ちょっと強すぎましたか」と尋ねたが、十蔵の返事がなかったので、按摩の手を休めなかった。

何事もなかったように梅安宅に戻ってきた彦次郎に向かって、小杉十五郎と梅安は、ほぼ同時に声をかけてきた。

「彦さん、遅かったではないか。梅安さんと酒を飲みながら、今お前さんのことを話していたところだ」

「彦さん、いつも私の代わりに指圧や按摩をやってくれているそうだね。この間、道で下駄屋の金蔵に会ったら、喜んでいたよ」

更に、梅安が聞く。

「それにしても、彦さん、何か良いことがあったようだね。ほっとしなすっている」

やはり梅安さんの勘《かん》ばたらきには勝てない。彦次郎は、そう感じながら、その夜のことをすべて二人に打ち明けた。

あっけにとられている二人に対して、いたずらを見つけられた子供が、親に釈明するように、彦次郎は、言葉を続けた。

「相手は、前に小杉さんが顎に傷を負わせた男だし、もうこれ以上小杉さんの手を煩わせることはないと思った。それに、梅安さんにも、新居をつくるのに専念してほしかったから……」

それに対して、梅安は、やさしそうな声で答えた。

「彦さん、礼を言いますよ。小杉さんにもその方が良かった。ただひとつ気になるのは、あの竹の市という善良そうな按摩が、八百屋宗七方で死人が出て疑われていないか、それが、気がかりだ」

そのことであった。

彦次郎は、その時、またひとつ、藤枝梅安という男のやさしさ、気配りのすごさに感じ入っていた。

四

おせき婆さんの代わりに、かえでは、ほぼ毎日やって来た。

梅安は、かえでが二度目にやって来た時に、初めて顔合わせをしたのだが、待っていた患者に鍼治療を始める前であったにもかかわらず、こちらからはほとんど話しかけず、全くそっけないものであった。

三度目にかえでがやって来た時には、彦次郎もおり、梅安の代わりに、近所の人たちに按摩をやっていた。

かえでは、飯炊きや掃除だけではなく、彦次郎のために要領よく桶の水を入れ替えてやったり、腰を痛めて俯せになっている患者の手助けもしてやった。そういったこまやかな気配りに、彦次郎までもが、かえでを気に入ってしまったようだ。

そして、次にかえでがやって来たのは、小杉十五郎がまた一人の時だった。

十五郎は、かえでが早速掃除を始める後ろ姿を見て、寝転んでいるわけにもいかず、かと言って縁側にじっと座ってもいられず、どうも落ち着かなかった。

今にして思うと、小杉十五郎が上州・倉ヶ野にいた十代の頃、同じ道場に通っていた旧友の妹・おあきに、かえでがそっくりだったからか、と気づいたのであった。

「お侍さま、ばたばたしますが、ごゆっくりなさっていてくださいまし」

かえでに明るくそう言われると、ますますそわそわしてしまう小杉十五郎であった。

やはり、藤枝梅安の人を見る目には、寸分の狂いもなく、他人の想像をはるかに超えるものがあった。

白子屋菊右衛門亡きあと、菊右衛門の遺志を継ぎ、江戸での縄張りを広げようとしているのが、切畑の駒吉だ。その駒吉が江戸で宿としている「富田屋《とみたや》」方に、何と、あのかえでの姿を見ることが出来る。

「さっきから、お前の態度を見とると、お前、その浪人者に惚れてしもたんとちゃうのか」

駒吉の目がだんだん細くなり、蛇のように凶暴になってきた。

「お前は、母親に先立たれ、父親ひとりに育てられた。ある時から突然その親父が賭場に出入りを始め、ついにはお前を淀川べりに置き去りにして、二度と戻って来なかった。俺が、八歳のお前を引き取ってやらんかったら、今頃どうなっとったか、わかっとるんやろな」

「お頭のご恩は有り難く、一生忘れることなどありません。ですから、この一ヶ月半の間に敵の梅安宅に入り込み、周りも含めて安心させ、うまく気に入られているのです」

「あの憎い梅安の奴のところに出入りしている婆を大八車で怪我させ、お前を取り入らせるっちゅう、あやつらが思いもつかんことを俺が企てたんや。それが台無しになったりしたら、絶対に承知せんからな。なんぼ俺の娘にしてやったちゅうても、今ここで、どじ踏んだり裏切ったりしたら、俺の手でお前を殺ってしまうと思うとけよ」

「お頭、私を信じてください。申し受けたお役目は必ず全うします」

かえでの話を途中までしか聞かず、急に怒り出した駒吉は、ちょっと表情を和らげて、先を促した。「それでどうなったんや、早よう言うてみい」

この二日前のことである。梅安宅では、暮れ六つ前に、珍しく三人が揃っていた。

かえでは、夕餉の準備をほぼ終えて、酒の用意をしていた。まさにその時、梅安が、いつになく弾んだ声で二人に話しかけていた。

「小杉さん、彦さん、お二人には、これまで何度も命拾いをさせてもらったし、この家が狙われてから、私はずっと萱野の亀右衛門宅に滞在していたが、その間、この家を守り続けてくんなさった。どれだけ礼を言っても言い尽くせないが、改めて、このとおりだ」

何と、梅安が二人に手をついている姿を、かえでは見たのである。

小杉十五郎と彦次郎は、ほぼ同時に腰を浮かせ、梅安の手をとるようにして言った。

「梅安さん、何を今更、堅苦しいことを言いなさる。そんなことより、早く酒を飲もうではないか」

この時、かえでは、切畑の駒吉から命ぜられていた、梅安始めこの三人を同時に殺せる、またとない機会をつかんだのである。

切畑の駒吉は、かえでの話に、生唾を飲むような顔で聞き入っていた。

それは、こういうことだ。

梅安が、中目黒に新築工事中だった家が完成した。そこに、師走の十八日に三人が集まり、音羽の半右衛門が、自らの吉田屋から仕出し料理を届けさせての、お披露目の宴を開く。その前に、梅安、小杉浪人、彦次郎の三人は、八つの刻限に浅草で落ち合い、参拝がてら、「歳《とし》の市《いち》」を見て歩く、というのだ。

「かえで、さっきは早まって言い過ぎた。お前のお陰で、こんなにも早い機会に、あの三人を一気に始末することが出来る。今度こそ間違いなく殺れる。それに、三人を殺ったあと、中目黒に多分ひとりで出かける音羽の半右衛門も、同時に殺ってしまえる。さすが、俺が仕込んだ娘や。かえで、ようやった」

駒吉は、ついさっきの蛇のような目とは打って変わり、白子屋菊右衛門が為し得なかった、江戸での縄張りを広げる夢を思い浮かべながら、ひとりほくそえんだのであった。

五

江戸の人々が、新しい年の準備を一斉に始めるのは、師走の十三日からとされている。煤払《すすはら》い、門松として用いる松を山から伐り採る「松迎え」、そして、餅つきと続く。下旬からは、暦売《こよみう》りが声を張り上げながら売り歩く姿も見られる。

浅草などでの「歳の市」が始まるのは、師走十七日頃からで、神棚、注連飾《しめかざ》り、破魔弓、羽子板など正月用品を商う市だが、見世物小屋や大道芸人も出て、より一層賑わいの盛り場を形成する。

駒吉たちの計画を知らぬ梅安、十五郎、彦次郎の三人は、別々に出かけ、浅草雷門手前の茶店で落ち合うことになっていた。

その日、小杉十五郎は少し早めに出て、大賑わいの買物客のなかを通り抜け、何とひとりで小間物屋《こまものや》に入って行ったのだ。女ものなど買ったことのない十五郎は、恥ずかしそうに、簪《かんざし》を並べた台に座っていた手代らしき男に、「おまえの手前にある、紅葉をかたどったのがついておるのを呉れ」と指さした。金属製で、先に、かえでの葉が二枚鼈甲《べっこう》で飾られているのだが、もちろん、かえでのために用意したものだ。こんな姿を梅安や彦次郎が見たら、何と言うだろう。

小杉十五郎は、その簪を懐《ふところ》に入れ、そそくさと店をあとにした。まだ八つの刻限には間がありそうなので、十五郎は、見世物小屋や矢場などで賑わう本堂裏手の奥山から、更に奥の方へと足を伸ばしてみた。

人通りの途絶えた林道に入った途端、目の前に五人の浪人らしき男が現れ、あっという間に十五郎は前後を囲まれてしまった。

言わずと知れた、駒吉一家だ。

既に、前の二人は抜刀し、後ろの手下も懐の匕首《あいくち》に手をかけている。

頭と思われる細身の男が、自信たっぷりの口調で話しかけた。

「おい、小杉とかぬかす浪人。三浦十蔵の顎を斬り裂いたんは、お前やな。吹き矢で殺したんは、別の奴やろうが、梅安ら三人、ここが死に場所やと思え」

「さあ、まずこいつから、地獄へ送ったれ」。駒吉は手を振り、上方から呼び寄せた浪人たちに催促した。それが駒吉だと悟った十五郎は、ひとこともしゃべらず、ゆっくりと腰をおとし、大刀の鯉口《こいくち》を切った。

目の前の、いかにも腕の立ちそうな浪人が、上段の構えから力いっぱいに振りおろしてきた。これを、ぱっと左に身をかわした十五郎は、一気に袈裟《けさ》懸《が》けで相手の肩から斬りおとした。

ほぼ同時に、うしろの男が匕首を背中に突きつけてきた。これを避けようとしたが、十分に体勢が整っていなかったため、着物の右脇に匕首が突き刺さってしまった。ここぞとばかり、もうひとりの浪人が正眼《せいがん》に構えた剣をまさに振り下ろそうとした時、駒吉は、これなら自分でもやれると思ったのだろう。さあっと浪人を手で制するや、長ドスで十五郎の胸のあたりを横殴りに斬り払った。

十五郎は、この瞬間、死を覚悟していた。

着物の胸のあたりがバッサリと斬られたが、その時、カキーンと妙な高い音が響いた。

確かに手応えを感じた駒吉と、手出しを止められた二人の浪人は、まだ自分が生きていると覚った小杉十五郎と、互いに棒立ち同然で睨み合う形となった。

その時だ。黒いかたまりのようなものが、両者の間にころがるように飛び出して来た。

その覆面で黒装束《くろしょうぞく》の者が、何と駒吉の腰のあたりにしがみついたのだ。いったい何が起こったのかわからず、四人は呆然としていた。

黒装束は、駒吉の腰から脚のあたりにぶらさがるように抱きついたまま、叫んだ。

「小杉さまあ、早く逃げて、早く！」

それは、女の悲痛な叫び声だった。

十五郎と駒吉は、同時に声をあげた。

「かえで。何故だ。何故お前がここにいる」

「この裏切り者め。邪魔をしやがって、もう許さん、ぶっ殺したる」

怒鳴りつけた駒吉は、長ドスをかえでの肩の下あたりに差し込み、横腹を蹴り上げた。

それを見た小杉十五郎は、怒り狂った。

ぐっと腰を落とし、駒吉の腹から肩へ大刀を抜き打った。駒吉は、血しぶきをあげてぶっ飛ばされた。

すると、その横合いから、正面の浪人が斬りかかってきた。この浪人に当て身をくわせるや、抜き打ちにそやつの首へ浴びせた。

十五郎は、もうこの時、一匹の鬼と化していた。その形相を見た残りの二人は、恐れをなし、腰が引けていたが、十五郎は許さなかった。珍しく大刀を左肩前に立てた逆八双《ぎゃくはっそう》から、踏み込みつつ浪人の胸に渾身の突きを入れるや、返す刀で、匕首を持つ手下も撫で斬り倒した。

その時、大通りの方から、バタバタと足音が近づいてきた。きっと待乳山聖天のほうから駆けつけて来たのだろう、梅安と彦次郎だ。二人は、すぐ先の光景を見て、立ちすくんでしまった。

駒吉や浪人どもが、血だらけで倒れこんでいるそばで、小杉十五郎は、片膝をつき、ぐったりとした黒装束の娘を抱き起こそうとしていた。怒り狂った十五郎には、少し離れたところに立っていた梅安たちのことは、目に入っていないようだった。

十五郎は、懐に手を入れ、紅葉柄の簪を取り出した。それは、真っ二つに斬り裂かれていた。この簪が駒吉の長ドスから救ってくれたのだ。それでも、首まで真っ赤な血で染まったかえでの髪に、斬り取られた紅葉の部分を、不器用に差し込んでやった。

小杉十五郎は、慟哭していた。

「かえで、かえで。何故こんなことに。俺をだますなら、最後までだまし続けてくれれば良かった……」

あの無口で、女は苦手だった剣豪・小杉十五郎が、かえでを抱きかかえ、大粒の涙を足下に落とし続けるのを見ていた梅安と彦次郎は、思わず目を合わせ、雷門の茶店へと足早に立ち去った。

六

三人が待ち合わせることになっていた茶店で、梅安が、しんみりと彦次郎に言う。

「私が、駒吉一家にいつ襲われるかも知れないからと、萱野の亀右衛門さん宅に匿《かくま》ってもらい、新しい家づくりを楽しんでいるうちに、彦さんは黙って一人で、あの手強い三浦の十蔵を殺ってくれた。そして、今日はまた、もう人を殺めるのはやめてもらいたいと願っていた小杉さんに、駒吉らを一網打尽に仕留めてもらった。私は、二人に会わす顔がない」

「何を言いなさる、梅安さん。これまで俺たちはどれだけ梅安さんに助けられ、世話になってきたことか……」

「彦さん、これで一段落だ。仕掛けるのも、仕掛けられるのも、もうこれを最後にしたいものだ」

「梅安さんには、腰や足の痛みを訴える患者が大勢待っている。その者たちを助けてやり、世のため、人のために、梅安さんは働き、真っ当な生き方をやっていなさる。これをまた続ければいい。私も、ふさ楊枝をこしらえる合間に、また手伝わせてもらいますよ」

「そうだ、彦さん。さっき見たことは、小杉さんが自分の口から言い出すまでは、こちらから言うのはよそう」

「それがいいね、梅安さん。小杉さんが茶店にやってきたら、最初の計画どおり、歳の市で正月用品を買い、中目黒の新築の家へ行き、三人で静かに飲もう。今年はいつになく苦しい年だったから、来年はいい年にしたいものだ」

「彦さん、人の生き様も、季節の移り変わりも同じなんだね。冬時雨のあとは、もう、すぐに《寒明《かんあけ》》だ。そしてまた、春がやってくる。私たち三人にも、きっと、ね」

あとがき

というわけで、「文科系」人間のひとりとして、現役リタイア後の生き方、楽しみ方の私なりの提案のいくつかを一冊の本に仕上げてみた。

「文科系」の奥を極め幅を広げていくのだから、当然「読み書き」に偏ってしまうが、エッセイやミニ論文などヴィジュアルなカタチとして仕上げていくためには、図書館に通ったり、街を見て歩いたり、旅に出たりして広範囲な情報を収集していくことを常とせねばならない。そのためには、目や足を悪くしてしまうと行動半径が極端に狭くなってしまうので、まずは「ころばない」ことが日常生活の中でも基本となる。そんなことで、この本のサブタイトルは「読み書き　ころばん」とさせて頂いた。

年を重ねるごとに、新しいことをやるのに「億劫、面倒さ」が先に立ちがちだが、未知のことに関心を持ち続けることを忘れず、常に「興味津々」を言葉どおりに実行していくことが大事なのだろう。頭も目も手も足も動かさないと、年とともに衰えていくのは当然だ。

五十代も半ばになり「定年」を現実として意識し始める頃になると、どうしても「僻み根性」が出てきてしまう。私の友人のなかにも、ヨーガ教室に通っている奥さんに、ちょっと家事を手伝ったりゴミを出してきたりする度に、手を合わせて「ナマステ」と礼を言われるだけで、もう自分が「捨てられる」と思ってしまうとか、みどりの窓口に新幹線の切符を買いに行った時、「席の指定は?」と問われ、「窓側」と言うべきところを思わず「窓際」と言ってしまい、あとで切なくなるとか、もっとヒドイのになると、最近のテレビCMでSMAPの草彅君が、「これからは地デジの時代」とPRしているのを聞くと、「血で痔」と頭に思い浮かべてしまう男もいる。こんなことでは駄目だ。ますます落ち込んで行ってしまう。

テレビというと、以前『ジゼル』とかいう女性誌が名付け親だという「アラウンド・サーティ」に続いて、二〇〇八年春頃からは、四十歳前後の世代をさす「アラフォー」がクローズアップされてきて、天海祐希主演のテレビドラマが人気を博していた。後者の代表格は、現役を退いて、十二年ぶりにコートに戻ってきたテニスのクルム伊達公子とされているが、いずれにしろ、これらの主役は両者とも、対象は女性だった。

しかし、この「アラウンド……」傾向がなお続くと考えると、この次は、定年退職前後の「アラウンド・シックスティ」、即ち、先の見通しが立たず不安定で心の「病」や悩みをかかえる「アラシック」なんてのが、男性版として注目されるかもしれない。

日本には昔から「古希」を祝う風習がある。いうまでもなく、これは中国の杜甫の詩の中の一節「人生七十、古来稀なり」から来ており、一時代前までは孫たちも一緒におじいちゃん、おばあちゃんの長生きを祝ったものだ。

しかし、冒頭にも書いたように、我が国では昭和三十五年に既に女性の平均寿命自体が七十歳に達してしまっている。もうこの時点で、七十まで生きることは普通の現象であり、「古来、稀」という言葉は死語になってしまっていることになる。

過日、松下電器（現・パナソニック）の副社長から関西国際空港の社長になられた村山社長が七十歳を迎えられたので、仲間三人で「古希」のお祝いを計画しようということになった。

村山氏は民間人としては初めての関空会社社長であり、就任後五年間に、赤字会社だったのを単年度経常黒字化させたり、待望の二本目の滑走路をオープンさせ、日本で初めての完全二十四時間空港を完成させられたり、一ヶ月の間に三度も海外出張され航空交渉のトップセールスをされたりと、休む間もなく次々と新しい大きな手を打ち続けられている。短期間のうちに「関空の助っ人」役を十二分に果たされ、同時にまた関西経済の活性化に大いに貢献された方である。男三人が、この村山社長に四月半ばの休みの土曜日半日をいかに楽しんで頂くか、頭を悩ましたのだ。

結局は、「春の京都カルチャーコース」という計画を立てた。まずは、北野天満宮近くの豆腐メーカー「藤野」が直営でやっている店からスタートした。そこで、食前酒がわりに出された豆乳の木の器を手に取られて、村山社長は一言。「これは、ナカガワキヨツグさんの作品やなあ」。で、初っぱなから三人は、あっけにとられてしまった。

この店は私が予約したのだが、そんなことは全く知らなかった。何でも、人間国宝の中川清司さんなのだそうだ。裏を返すと、ちゃーんと銘が焼き印されていた。入り口を入ったところに売店があり、ここで、この器を二万九千四百円で陳列・販売していると、店員さんから教えられた。

お祝い計画はこんな調子で、スタートから段取りが大きく狂ってしまった。食後に、妙心寺手前の、呉服屋の娘さんで、もう二十年も自ら織機で紡いでおられる方の、帯地・ショールやバッグなど帯地小物のギャラリーにお連れした。展示品を見られたあと、村山社長は彼女に、「先生はどなたですか」と尋ねられ、京都在住の、日本伝統工芸界の先生方について話し合われたかと思うと、次の、ちょっと盛りを過ぎた御室桜の仁和寺では、宝物殿の経典をじっと読まれ、仏像から遣唐使のことまで、歴史の解説をして頂き、もうどちらが案内役かわからなくなってしまった。

私たちが計画したコースのしめくくりは、京都国立博物館での「ＫＹＯＳＡＩ」展。幕末から明治の初めにかけて斬新な画法で活躍した河鍋暁斎の展覧会だが、官憲にとがめられるような風刺画も描き、自らを「狂斎」と名乗った画家である。地獄絵やお化けなど際どい作品も多いが、大英博物館所蔵となっているものも何点かあり、早くから海外での評価も高かったようだ。

ここでも、村山氏は最後までじっくり見られ、「こういうのが日本のアニメ文化の原点になっとるんやなあ」とコメントされたのを聞き、ナルホドそういう見方になるのかと改めて納得させられてしまった。翌日の日曜日はゴルフとのことだったので、ここらで失礼・解散しようとしたら、「コーヒーを飲んで帰ろうや」と誘われ、高台寺近くの隠れ家のような、行きつけのコーヒー店に案内して頂いた。

何のことはない。「古来、まれ」どころでは全くないのだ。仕事ぶりも、こうやってプライベートな面を見ても、七十歳にして幅の広い深い知識、気力、体力、人脈……と、どの視点から見ても、村山氏は今まさに人生の中での絶頂期のように感じてしまう。あまりにも印象深い人間的魅力に接してしまったので、長々と勝手に紹介させて頂いたが、七十歳の村山敦さんを見ていると、いま、人生「白秋」の時代なんて、もってのほかである。

「朱く燃えたぎる、朱夏」の「赤」とはまた異なる、「青い空を背景に、真っ赤に燃え盛る紅葉の秋」の時代を生きておられるのだと思えてならない。それに、これこそ、文科系人間としても、見習うべきところだらけだ。

少なくとも、私には到底こんな七十歳を迎えられそうにはないが、前述のように新しい人生分類をすることにより、気持ちの上での「若さ」を失うことなく自らを元気づけ、もうひと花もふた花も咲かせてみたいものだ。それは、決して華やかで大きな花でなくてもいいのだから。

川内正巳（かわうち　まさみ）

昭和16年、兵庫県生まれ。

昭和38年、関西学院大学経済学部卒、株式会社阪急百貨店に入社。営業部、宣伝部などを経て東京大井店店長。

平成４年、取締役就任。平成15年、関西国際空港㈱に出向、非航空系営業部門アドバイザー。

平成20年、阪急百貨店退職。

著書『店長の朝礼』（実業の日本社）

橙夏から黄秋の時代
50代からの、読み書きころばん

2009年５月１日　初版第１刷発行

著　者――川内正巳
発行者――今東成人
発行所――東方出版㈱
〒543-0062　大阪市天王寺区逢阪２－３－２
Tel. 06-6779-9571　Fax. 06-6779-9573
印刷所――亜細亜印刷㈱

落丁・乱丁はおとりかえいたします。

ISBN978-4-86249-139-8